箱根 宮ノ下

富士屋ホテル
伝統のレシピ

河出書房新社

はじめに

富士屋ホテルが箱根宮ノ下の地に創業したのは、明治11年のこと。
外国人専用リゾートホテルの草分けとして、富士屋ホテルの歴史が始まります。

明治維新の流れのなかで西洋化する日本。
西洋列国との対等な関係を築くため、公式の饗膳はフランス料理に定められたといいます。
富士屋ホテルの礎となったのも、またフランス料理です。
代々の社長と料理長たちはアメリカ、イギリスなどを訪ね、
世界各地で得た知識と技術をメニューに転化、
和風のアレンジを加え、富士屋ホテル独特のスタイルを作り上げます。

箱根の地で出会う佳味に、異国の旅人たちはさぞ驚いたことでしょう。
日本の人々は新鮮な西洋の味に驚嘆し、その文化に触れたことでしょう。
誇らしいことに、当時のレシピは今なお相承され、
進化を遂げながら、多くのファンを魅了し続けています。

本書では、富士屋ホテル秘蔵のレシピをご紹介します。
一切の妥協や偽りのない、富士屋ホテル「本物のレシピ」。
また食べたいと求め、作ってみたいと願わずにはいられない、憧憬の味を集めました。
富士屋ホテル至福の味を、受け継がれる想いを、どうぞお楽しみください。

CONTENTS

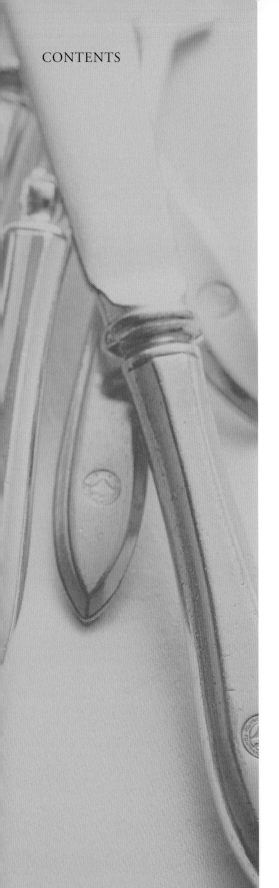

はじめに 2

TRADITIONAL DISHES
伝統の料理

コンソメスープ 8
ビーフカレー 10
虹鱒富士屋風 12

GRACEFUL BREAKFAST
朝食

フレンチトースト富士屋風 18
パンケーキ富士屋風 20
ポーチドエッグ富士屋風 22
エッグベネディクトサラダ添え 24
カントリーソーセージ 26
卵入りオレンジジュース 28

LUXURIOUS LUNCH
ランチ

ハヤシライス富士屋風 32
シーフードカレー 34
ビーフシチュー 36
海老ライス富士屋風 38
スパゲティナポリタン 39
チキンライスグラタン 40

スープ&サラダ

オニオンスープ富士屋風 44
オニオングラタンスープ 45
玉子入りトマトグラタンスープ 46
フジヤサラダ 〜昭和40年代〜 48
フジヤサラダ 〜昭和20年代〜 48
　- トマトドレッシング 49
　- ブルーチーズドレッシング 49
　- サウザンアイランドドレッシング 49
チキン、アップル、セロリのサラダ
　〜チキンウォルドフサラダ〜 50
和風生野菜サラダ料理長風
　〜キャベツとシラスのサラダ〜 51
ポテトサラダ 52

FASCINATING SWEETS
スイーツ

アップルパイ ア ラ モード	56
マーブルケーキ寄木細工風	58
チェリーパイ	60
エンゼルケーキ	62
レモンメレンゲパイ	63
ベイクドチーズケーキ	64
エクザコナル	65

POPULAR BREAD & SANDWICH
ベーカリー&サンドウィッチ

食パン	68
ツナステーキサンド	70
富士屋クラブハウスサンドウィッチ	72
レーズンパン	74
カレーパン	76

SPLENDID DINNER
ディナー

牛フィレ肉のサワークリーム和えバターライス添え ～ビーフストロガノフ～	80
シャリアピンステーキ	82
ブイヤベース富士屋風	84
海の幸の取り合わせコキール	86
小海老のカクテル	88
タラバ蟹のルイーズ風	89

カクテル

マウントフジ	94
フルーツシンフォニー	95
ヴィクトリア	95
花御殿カクテル「ばら」	95

コースメニュー

ランチコース Rêve ～レーヴ～	42
ディナーコース-I 富士屋浪漫	90
ディナーコース-II 復刻スペシャル	92

LIBRARY 富士屋ホテルライブラリー

富士屋ホテルの信念	6
「ザ・フジヤ」案内	14
伝統の味を守る厨房	16
四季折々の風景	29
富士屋ホテルの見所	30
VIP用の食器	53
歴史	54
ティーラウンジ「オーキッド」	66
ホームメイドベーカリー	77
メニューカードとメニューブック	78

コラム

天然の食材 ～湧き水～	9
カレーの薬味	11
乗り合い自動車	13
テーブルクロス	19
朝食のテーブルウェア	21
受け継がれるクック・ブック	23
黒川正太郎	25
箱根の山道の交通手段「チェアー」	27
ホテルの守り神	28
ダイニングルームの花	33
外国人専用ホテル	37
ノスタルジックフォトギャラリー	41
富士屋ホテルを訪れた著名人	47
サラダのルール	50
海側と山側	51
万国髭倶楽部	69
「フラワーパレス」	70
接収解除のポスター	72
受け継がれるペストリー・ブック	75
テーブルパフォーマンス	81
ロゴマーク	83
カスケードルームの舞踏会	85
料理教室	87

富士屋ホテルライブラリー

富士屋ホテルの信念

　厨房の一角、デシャップ台の上には神棚が備えてあり、大きなだるまが飾られています。だるまは商売繁盛の守り神ですが、なぜ神棚が？　それは、火や刃物など危険なものを扱う厨房だからこそ、安全を祈るため。神棚を祀り、榊の水とお供えの水は毎日取り替えて祈りを捧げます。榊、米、塩は、毎月1日と15日に新しいものに。厨房の安全はもとより、ホテルにいらっしゃるお客さまの無事を祈念しています。

　また神棚の近くには「料理人としての条件」と題された額縁が飾られ、誠心誠意料理に打ち込むようにと、その精神を説いています。

【本書の決まりごと】

＊料理名の仮名遣いは富士屋ホテルの表記に準じています。材料表や作り方とは異なる場合があります。
＊材料表中の分量と、でき上がり写真の分量が必ずしも同じとは限りません。
＊材料の分量には、g表記に加え、ほかの単位も用いています。それは味つけのバランスをわかりやすく伝えるためだったり、量りやすさのためだったりします。
＊大さじ1＝15ml、小さじ1＝5mlです。
＊バターは指定以外、食塩不使用タイプを使用しています。
＊全卵は2L玉(63g)を使用しています。
＊EVオリーブ油はエスクトラ・ヴァージン・オリーブオイルを指します。それ以外はピュアタイプです。
＊材料をゆでたり、湯せんにかけたりするときに使用する水は、材料表以外すべて分量外です。
＊とくにことわりがない限り、作り方で食材を洗う、皮をむく、ヘタを取るなどの基本的な下処理は省略してあります。
＊オーブンの温度や焼き時間は機種や季節によっても差が出ます。レシピを目安に、お手持ちのオーブンに合わせて調整してください。

TRADITIONAL DISHES

伝統の料理

コンソメスープ

　黄金色に輝くコンソメスープは、丹精込めて長時間煮込んだ、創業当時から変わらない逸品。ホテルの所有地を水源とする湧き水を使用することで、その美点を旨味として生かしながら、コンソメスープの際立つ美しさと美味しさを作り出します。

　こだわりのコンソメスープは、富士屋ホテル随一の人気メニュー・カレーにも使用され、評判の佳味を支えます。

材料(10人分)
ブイヨン(右記参照) ― 3ℓ
牛すね肉 ― 500g
鶏首つる ― 50g
A｜玉ねぎ ― 30g
　｜にんじん ― 20g
　｜セロリ ― 15g
パセリの茎 ― 5g
卵白 ― 130g
ローリエ ― 1枚
白粒こしょう ― 2粒
白ワイン ― 30ml

1 牛肉は脂身を除き、1cm角に切る。Aは薄切り、パセリの茎は細かく刻む。

2 鍋にブイヨン以外の材料を入れる。木べらでよく混ぜ、卵白を全体に行き渡らせる。

3 ブイヨンを30〜40℃に温め、**2**に少しずつ加えながら、中火でしっかり混ぜる。鍋底から混ぜながら上下の温度を均一にし、沸騰直前で混ぜるのをやめる。表面が固まってきたら、浮いてきた肉の中央に穴を開ける。アクを取って弱火にし、煮立たない火加減を保ちながら1時間半〜2時間煮る。

4 固まった肉を崩さないように、寒冷紗またはキッチンペーパーを重ねたシノワで丁寧に漉す。

5 **4**を一度沸騰させてアクを取り、冷ます。冷蔵庫で1日休ませる。

ブイヨン

材料(でき上がり約4ℓ)
A｜牛すね骨 ― 1.8kg
　｜牛すじ肉 ― 800g
　｜鶏ガラ ― 500g
　｜水 ― 6ℓ
玉ねぎ ― 120g
にんじん ― 100g
セロリ ― 40g

1 鍋にAを入れて強火にかけ、沸騰したら野菜を加える。アクを取って弱火にし、2時間ほど煮る。

2 寒冷紗またはキッチンペーパーを重ねたシノワで丁寧に漉し、一度沸騰させてアクを取る。

天然の食材 〜湧き水〜

富士屋ホテルでは創業当時からいくつかの水源を保有しており、庭園内にある横井戸もそのひとつ。湧いてくる水を料理に使用していました。現在は所有地である裏山からの伏流水を引いています。それは山麓の下層に位置する砂礫層を流れる水。極めて浅い層にある砂礫層は粗い砂を含み、地下水はここを流れることにより、不純物が取り除かれます。つまり、砂礫層は天然の濾過装置。水は良質な状態が保たれ、飲み水としても多く利用され、富士屋ホテルの料理にも欠かせない食材のひとつとなるのです。

ビーフカレー

　富士屋ホテルで不動の人気を誇るのが、ビーフカレーです。昭和39年1月には、今上天皇（当時は皇太子殿下）もお召し上がりになりました。揺るぎない伝統の味は多くのファンを魅了し続け、「ビーフカレーを食べに富士屋ホテルへ行こう」と遠方からのお客さまも訪れます。

　美味しさの秘密は贅沢にコンソメスープを使うことと、牛乳で煮出したココナッツミルク、ピクルスの漬け汁の隠し味。完成したカレーソースは冷蔵庫で数日間寝かせることで、驚くほどまろやかな味わいに昇華します。

　カレーにフォークを供するのも富士屋ホテルのこだわりです。このユニークなテーブルセッティングは、「米は野菜の一種であるから」というのが理由から。

材料(10人分)
- カレーソース（右記参照）— 全量
- 牛ランプ肉 — 800g
- A｜塩 — 5g
- 　｜カレー粉 — 10g
- サラダ油 — 15ml
- ブイヨン（p.9参照） — 1ℓ
- ご飯 — 2kg
- 薬味各種 — 各適量

1 牛肉は1.5cm角に切る。Aをまぶしてもみ込み、5分ほどおいて味を馴染ませる。鍋にサラダ油を熱し、強火で全体に焼き色がつくまで焼く。ブイヨンを加え、沸いてきたら弱火にし、肉が柔らかくなるまで30〜40分煮る。水分が減ったら水を足し、最初の水量を保つ。

2 鍋にカレーソースを入れて温め、**1**の牛肉だけを取り出して加える。温まったらグレービーボートに盛り、ご飯、薬味を添える。

カレーソース

材料(10人分：でき上がり約2ℓ)
- 玉ねぎ — 560g
- バター — 140g + 40g
- A｜にんにく — 10g
- 　｜しょうが — 10g
- 　｜にんじん — 80g
- 　｜りんご — 1/2個
- カレー粉 — 30g
- 薄力粉 — 180g
- トマトの水煮（缶詰） — 300g
- コンソメスープ（p.9参照） — 1.5ℓ
- ［ココナッツミルク］
- ココナッツロング — 16g
- 牛乳 — 100ml
- C｜塩 — 15g
- 　｜はちみつ — 30ml
- 　｜マンゴチャツネ — 10g
- 　｜ピクルスまたはラッキョウの漬け汁 — 18ml

1 玉ねぎは薄切りにする。Aはすりおろす。

2 鍋にバター140gを溶かし、玉ねぎを入れて強火で炒める。しんなりしてきたら弱火にし、あめ色になるまで1時間ほどじっくりと炒める。Aを加え、中火で水分が飛ぶまで炒める。

3 カレー粉を加え、弱火のまま5分ほど炒める。バター40gを加え、カレー粉に風味を移す。薄力粉を加え、焦げないようにときどき火から外すなど様子を見ながら、パラパラになるまで炒める。

4 トマトの水煮は果肉を粗く潰す。**3**に加えて弱火にし、ツヤが出るまで木べらでよく練る。

5 別の鍋にコンソメスープを入れて火にかけ、沸騰したらアクを取る。**4**に少しずつ加えて中火にし、その都度ダマにならないように混ぜる。ふつふつとしてきたら弱火にし、30分ほど煮る。

6 ［ココナッツミルク］小鍋またはフライパンにココナッツロングを入れ、弱火で薄茶色になるまで炒める。牛乳を加え、一度沸騰させる。火を止めて10分ほどおき、シノワで漉す。

7 **5**に**6**、Cを加えて火にかけ、一度沸騰させる。完全に冷めてから冷蔵庫に入れ、1日寝かせ、カレーソースの完成。

カレーの薬味

カレーの薬味は当初、福神漬け、ラッキョウ、マンゴチャツネの3種類が添えられていました。現在の6種類になったのは平成に入ってから。6代目総料理長・村中伸吉の時代です。6種類は、左上から時計回りに、マンゴチャツネ、ポートワイン煮レーズン、福神漬け、ラッキョウ、スイートレリッシュ、葉唐辛子キュウリ。名産の寄木細工のトレーで供されるのも箱根の老舗ホテルらしい演出です。

虹鱒富士屋風

　大正時代のあるとき、長く滞在していた海外からのお客さまからご所望がありました。「虹鱒を使って、和風の料理を作ってほしい」。これに応えて、当時の3代目総料理長・小島源太郎が腕をふるったのが虹鱒富士屋風です。

　しょうゆとみりんを使った和風ソースとの組み合わせは、海外だけでなく、日本のお客さまの舌をも唸らせました。誉れ高い魚料理は受け継がれる味となり、今に至ります。

材料(4人分)
虹鱒 — 8尾
強力粉 — 適量
みりん — 80ml
しょうゆ — 35ml
バター — 50g
[つけ合わせ]
粉ふきいも — 適量
パセリ — 適量
レモン — 輪切り4枚
スタッフドオリーブ — 輪切り4個

1　虹鱒に強力粉をまぶす。フライパンにバター30gを中火で熱し、虹鱒を盛りつけるときに表になるほうを下にして入れる。きつね色になったら裏返し、両面を焼く。耐熱容器に移し、200℃のオーブンで3分焼き、中まで火を通す。

2　フライパンに1を戻して中火にかけ、みりんを加え、アルコール分を飛ばす。しょうゆを回し入れ、馴染ませる。バター20gを加え、全体に行き渡らせる。

3　器に盛り、粉ふきいも、パセリを添え、虹鱒の上にレモンとスタッフドオリーブを飾る。

乗り合い自動車

送迎車を用意することになったのは、ある出来事がきっかけです。富士屋ホテルに3ヵ月ほど滞在したお客さまが出立して国府津駅まで向かう際、手配していた車の出発時間に遅れてしまいました。それでも汽車の発車に間に合わせるために、人力車を使って急いで箱根の山を下りた、という顚末がありました。この経験をもとに、大正3年1月、資本金五千五百円で富士屋自動車株式会社を設立。バスは米国製のホワイトという大型自動車を赤く塗ったため、「富士屋の弁当箱」と呼ばれて親しまれました。

富士屋ホテルライブラリー

「ザ・フジヤ」案内

　3代目社長・山口正造が造り上げた、独特な雰囲気のメインダイニングルーム「ザ・フジヤ」は、日光東照宮本殿がモデル。和洋と唐様が織りなす空間は情緒を味わえる場所として、多くのお客さまに愛されています。内観を眺めながら楽しむ食事も、富士屋ホテルを訪れる醍醐味です。

重厚な雰囲気のエントランス。

赤絨毯の先には「ザ・フジヤ」。期待高まる廊下は、正造の実家と縁の深い「日光東照宮」を思わせる眠り猫がいるなど、遊び心に溢れています。

b

c

d

abcd：天井までは5.5メートルと、その高さに圧倒されます。天井は日本建築では有名な折上格天井の造り。社寺建築を思わせます。格子には日本アルプスに生息する636種類の高山植物、天井付近の壁には507羽の野鳥と238頭の蝶が羽ばたき、天井下には鶴などが色鮮やかに描かれています。

天井下の欄間には花鳥、十二支をはじめとする動物の彫刻が施されています。写真は日光東照宮、陽明門の装飾「司馬温公の瓶割り」を模したもの。温公は中国北宋時代の政治家で、『資治通鑑』を書いた学者としても知られていますが、子供の頃の逸話があります。飲み水を貯めていた大きな水瓶に友達が落ちてしまい、助けるために咄嗟に水瓶を割ったというもの。それを知った温公の父親は、水と水瓶を失ったことを叱らず、友達の命を救った温公を褒めたといいます。

すべての柱の下には正造の顔を模したレリーフが。「ザ・フジヤ」への思い入れが強く、スタッフへの教育にも熱心だった正造が、スタッフの接客を見守っています。

店内中央、飾舞台の欄干には、外国人に親しんでもらえるよう、ゴルフや野球など、さまざまなスポーツをする人の彫刻が。

昭和5年竣工のメインダイニングルーム「ザ・フジヤ」、その前年に来日した飛行船、ツェッペリン号をモチーフにした飾り細工。海の輝きと空の光が八角ガラスで表現されています。

富士屋ホテルライブラリー

伝統の味を守る厨房

　大正9年の竣工から90年以上経った現在でも活躍している厨房。鉄筋コンクリート造りで内装はタイル張り、総ガラス張りの天井からは自然光が入ります。当時最新だった電気式の設備を用いたため、関東大震災時も厨房から火事を出すことなく、「東洋一の厨房」と呼ばれました。平成19年には近代化産業遺産に認定されています。富士屋ホテルの聖域、非公開の厨房風景を本書でのみお見せします。

デシャップ台（厨房からサービスに料理を出す場所）上のメニュー板。

7.5メートルの天井高。左上の壁の奥が3代目の社長室。小窓からいつも料理を作る様子を見ていたといいます。

熟練の料理人が寸胴鍋でソースやスープを仕込みます。

柱にかけられた標語。

ディナーの準備。

GRACEFUL BREAKFAST

朝食

フレンチトースト富士屋風

　富士屋ホテルのフレンチトーストは趣が異なります。材料にはベーカリー＆スイーツ「ピコット」の人気商品・食パンが使われているのですが、興味深いのはその調理法です。薄切りの食パンを黄金配合のアパレイユ（卵液）に浸し、サラダ油で揚げるというもの。甘い卵と牛乳の風味をまとわせながらも、サクッと揚げるのがフレンチトースト富士屋風の理想です。
　「食パンをアパレイユにつけるのは短時間。中心まで染み込ませないことが、風味と食感よく美味しく仕上げるコツ」とは北村料理長からのアドバイス。

材料(4人分)
食パン — 1.5cm厚さ6枚
［アパレイユ］
全卵 — 2個
A　牛乳 — 200ml
　　生クリーム(脂肪分47%) — 100ml
　　バニラエッセンス — 12g

揚げ油(サラダ油) — 適量
シトラスはちみつ — 適量
メープルシロップ — 適量

1 ［アパレイユ］ボウルに卵を割り入れて溶き、Aを加え、泡立て器でよく混ぜ、シノワで漉す。

2 食パンはみみを切って斜め半分に切り、1のアパレイユに5～10分浸す。

3 アパレイユを軽くきり、170℃の揚げ油に入れる。きつね色になったら裏返し、両面を揚げる。

4 皿に盛り、はちみつ、メープルシロップを添える。

テーブルクロス

メインダイニングルーム「ザ・フジヤ」のテーブルクロスは畳んだ際にできる折り目を生かします。あえてアイロンはかけません。この折り目が意外にもサービスの面で活躍。お客さまの座る位置や、ゲストとホストを判断する指標にもなっているのです。

パンケーキ富士屋風

　思いもよらないヴィジュアルで供されるのが、パンケーキ。クレープのように薄く焼き上げるのが富士屋ホテルのスタイルですが、これはフランス料理のクレープをパヌケとも呼ぶことに由来します。

　写真でご紹介しているのは「ケーキブレックファースト」。メイン料理は、パンケーキ富士屋風のほかに、フレンチトースト富士屋風、フレンチトースト、ホットケーキから選ぶことができ、オレンジジュース（またはトマトジュース、グレープフルーツジュース）、ソーセージ（またはベーコン、ハム）、サラダ、コーヒー（または紅茶、ミルク）がセットになっています。パンケーキには、フルーティーな香りと酸味が特長のシトラスはちみつ、メープルシロップが添えられます。

材料(4人分)
[パンケーキ生地]
薄力粉 ― 170g
塩 ― 少量
全卵 ― 3個
グラニュー糖 ― 45g
澄ましバター ― 26g
牛乳 ― 400ml

澄ましバター ― 適量

1 薄力粉をふるい、塩を混ぜる。

2 ボウルに卵とグラニュー糖を入れ、泡立て器で混ぜる。1、温めた澄ましバターを加え、その都度ダマがなくなるまで混ぜる。牛乳を少しずつ加えて混ぜ、シノワで漉す。冷蔵庫で1日休ませる。

3 直径22cmのフッ素樹脂加工のフライパンを中火で熱し、キッチンペーパーに染み込ませた澄ましバターを塗る。2を90mlほど流し入れ、フライパンを傾けて均一に行き渡らせる。焼き色がついたら裏返し、両面を焼く。同様に8枚焼く。

4 3は三つ折りにして両端を切り、さらに半分に切って皿に盛る。

朝食のテーブルウェア

テーブルウェアを愛でるのも、レストランでの心浮き立つ楽しみのひとつ。なかには朝食でしか見ることができない貴重なアイテムもあります。それが3つの銀色のテーブルウェア。手前はバターケース、左上はジャム入れ、右はシュガーポットです。いずれもロゴマークが入り、格天井の灯りが写り込む様子がいかにも富士屋ホテルといった風情です。

ポーチドエッグ富士屋風

　大正時代のレシピを再現した復刻メニューです。手間ひまかけて作ったデミグラスソースが味の要。ポーチドエッグとジューシーなベーコンのハーモニーが絶妙です。このメニューはアラカルトはもちろん、玉子料理がメインの「富士屋ブレックファースト」でも堪能できます。

材料(4人分)
[ポーチドエッグ]
全卵(赤玉) ― 8個
白ワインヴィネガー ― 湯の3%
塩 ― 湯の1%
[マッシュルーム入りデミグラスソース]
玉ねぎ ― 50g
マッシュルーム ― 80g
バター ― 10g
トマトケチャップ ― 5ml
赤ワイン ― 10ml
デミグラスソース(右記参照) ― 120ml

食パン ― 1.5cm厚さ4枚
バター ― 20g
ベーコン ― 8枚

1 [ポーチドエッグ] 鍋に卵を立てた高さの2倍の水を入れて強火にかけ、沸騰したらワインヴィネガー、塩を入れる。中火にし、ふつふつと泡が立つ火加減を保つ。

2 器に卵を1個ずつ割り入れる。1の湯を菜箸などで回して渦を作り、その中心に卵を静かに落とし入れる。卵白がまとまるまで触らず待ち、固まってきたら穴じゃくしで裏返し、2分半〜3分火を通す。

3 水にとり、卵白の端を切って形を整え、キッチンペーパーで水気を取る。

4 [マッシュルーム入りデミグラスソース] 玉ねぎはみじん切り、マッシュルームは薄切りにする。鍋を中火で熱し、バターを入れ、溶けたら玉ねぎを加え、透き通るまで炒める。マッシュルームを加え、炒め合わせる。トマトケチャップ、赤ワインを加え、水分がなくなるまで煮詰める。デミグラスソースを加え、ひと煮立ちさせる。

5 食パンはトースターで焼き色がつくまで焼き、バターを塗ってみみを切る。フライパンを熱し、ベーコンを焼く。

6 食パンにベーコン、ポーチドエッグをのせ、マッシュルーム入りデミグラスソースをかける。

デミグラスソース

牛肉の下処理をすると出てくるさまざまな部位のすじ肉をまとめ、オーブンで焼きます。それにホールトマトやトマトピューレ、にんじん、玉ねぎ、セロリなどの野菜、香辛料、富士屋ホテルの伝統である白ワインを加え、オーブンでときどきかき混ぜながら6時間ほど煮込み、丁寧に漉して仕上げます。

受け継がれる クック・ブック

現存するレシピノートの「COOK」版。75ページの「PASTRY BOOK」と同じく、タイトルの近くには「1925」の文字が残ります。写真上は大扉。

エッグベネディクトサラダ添え

　2つの風味を楽しめる、富士屋ホテルのエッグベネディクト。マフィンとポーチドエッグの間に、それぞれロースハムとスモークトラウトサーモンを挟みます。たっぷりかけたソースとのハーモニーは絶妙。 1925年当初はアルマンドソースをかけていましたが、現在は濃厚でクリーミーなオランデーズソースで提供しています。

材料(4人分)
[オランデーズソース]
A｜卵黄 ― 4個
　｜白ワインヴィネガー ― 8ml
　｜水 ― 72ml
澄ましバター ― 220ml
塩 ― 1g
白こしょう ― 適量
レモン果汁 ― 4g
[ポーチドエッグ]
全卵(赤玉) ― 8個
白ワインヴィネガー ― 湯の3％
塩 ― 湯の1％

イングリッシュマフィン ― 4個
バター ― 適量
スモークトラウトサーモン ― 4枚
ロースハム ― 4枚
[つけ合わせ]
ベビーリーフなどの葉野菜 ― 適量
ミニトマト(半分に切る) ― 4個
好みのドレッシング ― 適量

1 [オランデーズソース] ボウルにAを入れて湯せんにかけ、泡立て器で白くもったりするまで混ぜる。澄ましバターを少しずつ加えながら混ぜる。塩、こしょう、レモン果汁を加え、混ぜる。

2 [ポーチドエッグ] p.23を参照して作る。

3 イングリッシュマフィンは厚みを半分に切り、トースターで軽く焼き、バターを塗る。

4 フライパンを熱し、ロースハムを入れて軽く焼く。

5 皿にイングリッシュマフィンを置き、4、スモークトラウトサーモンをそれぞれのせ、ポーチドエッグを重ね、オランデーズソースをかける。ベビーリーフ、ミニトマトを添え、好みのドレッシングをかける。

黒川正太郎

富士屋ホテルの料理を語るうえで欠かせない人物が黒川正太郎です。黒川は明治39年、富士屋ホテル入社。大正3年に退社し、氷川丸の料理長として招聘されると、コックの養成所を開設します。料理人の育成に尽力しながら、ホテルやレストランで修業。富士屋ホテルに再入社します。富士屋ホテルのレシピをノートにまとめたのも黒川でした。ノートは現在も大切に保存されています。

カントリーソーセージ

　テーブルに運ばれたカントリーソーセージを前に、目を見張るお客さまもいらっしゃいますが、ハンバーグと見紛う格好とあれば、無理もないことでしょう。
　この名前は、腸詰めではないソーセージを「カントリーソーセージ」と呼ぶことが元になっているのだとか。セージを効かせたシンプルな味つけは、上質な素材と熟練の料理人の技に裏打ちされています。

材料(4人分)
豚ひき肉 — 500g
食パン — みみを取って144g
牛乳 — 140ml
塩 — 5g
白こしょう — 少量
セージパウダー — 3g
サラダ油 — 適量

グレービーソース(下記参照) — 120ml
[つけ合わせ]
ポテトフライ — 適量
パセリ — 適量

1 食パンは牛乳に浸す。

2 ボウルにひき肉、塩、こしょう、セージパウダーを入れ、手で粘りが出るまでよく練り、全体を馴染ませる。**1**を軽く水気を絞って加え、よくこねる。

3 4等分して丸め、両手でキャッチボールをするようにして空気を抜く。楕円形に整える。

4 フライパンにサラダ油を中火で熱し、**3**を入れる。焼き色がついたら裏返し、両面を焼く。耐熱容器に移し、200℃のオーブンで5分、裏返して3〜5分焼いて火を通す。

5 皿に盛り、グレービーソースをかけ、ポテトフライ、パセリを添える。

グレービーソース

焼いた牛すじ肉とにんじん、玉ねぎ、セロリなどの野菜を煮込んでは漉す作業を3日間繰り返し、牛肉の旨味を凝縮させます。ここまでで量は最初の4分の1ほどに。ローリエ、粒黒こしょう、塩で仕上げ、丹念に作り込んだホテルならではのソースが完成します。

箱根の山道の交通手段「チェアー」

富士屋ホテル開業後、道路が開通し、横浜から箱根湯本までは馬車または人力車が利用されましたが、宮ノ下までは山駕籠（やまかご）か馬車、徒歩に限られました。山駕籠は日本人の体型に合ったものしかなく、外国人には不便であったため、足を伸ばすことができる長いかごを作って3〜4人で担いでいました。明治20年、箱根の険しい山道を登るための交通手段として誕生したのが「チェアー」。これは膝椅子に竹棒2本をつけたもので、4人で担ぎます。春秋の行楽シーズンには宮ノ下から箱根を一周するチェアーが70台ほどあり、それを担ぐ300人近い人夫が毎朝富士屋ホテル前後を取り巻いていたそうです。

卵入りオレンジジュース

はちみつの柔らかな甘味を加えた、卵入りのオレンジジュースです。フレッシュでいてクリーミーなコク。滋味豊かな逸品です。フレンチスタイルのミルクセーキをご存知でしょうか？ 牛乳、卵黄、砂糖、バニラで作る飲みもの。ミルクセーキを彷彿とさせ、郷愁を誘う美味しさがあります。

材料(4人分)
卵黄 — 3個
はちみつ — 19g
フレッシュオレンジジュース — 1ℓ

1 卵黄、オレンジジュースは冷やしておく。はちみつは常温にもどす。

2 ボウルに卵黄、はちみつを入れ、泡立て器で混ぜる。

3 オレンジジュースを少しずつ加えながら、よく混ぜ、シノワで漉す。

4 冷蔵庫で冷やし、飲む前によく混ぜ、グラスに注ぐ。

ホテルの守り神

大正12年、富士屋ホテルも関東大震災に見舞われます。土地、建物、鉱泉に被害を負い、断水状態となって危機に瀕します。そのときに活躍したのが庭園内の井戸水です。山の斜面を利用した珍しい横井戸形式の井戸は、当時滞在中のお客さまの食事や洗顔のために大いに役立ち、救いの神に。水道が復旧するまで利用され、今でもホテルの守り神として大切に祀られています。

富士屋ホテルライブラリー

四季折々の風景

箱根は風光明媚の地。富士屋ホテルもその恩恵に浴しています。季節の庭園や外観など、絵画のような勝景をご覧ください。

a：4月の桜。
b：5月の藤棚。
c：5月上旬〜中旬が見頃のつつじ。

草花が芽吹き始める春の庭園。

d：陽春、庭園内の水車小屋。
e：夏の「花御殿」。

f：11月中旬〜下旬の紅葉。 g：秋の日の庭園。

h：雪景色の水車小屋。 i：ガーデンチャペルとして人気の「幸福の丘」、冬の風景。

夏の富士屋ホテル、自然の中に佇む様子を上空より。

29

LIBRARY 富士屋ホテルライブラリー

富士屋ホテルの見所

　富士屋ホテルには至るところに歴史の面影を残す設備や調度品があり、それぞれに逸話が秘められています。さあ、富士屋ホテルの見所を巡ってみましょう。

本館中央の階段。一本の木を少しずつ湾曲させて作る技法、曲げ木の曲線が美しい。

かつての正面玄関。本館の回転扉の上には、訪れた人を祝福する白い鳳凰と天使の彫刻が。

「ザ・フジヤ」のある食堂棟。屋根には邪気を祓い、幸運を呼び寄せるといわれる昇り竜。

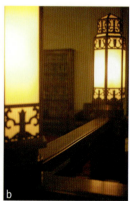

a：花御殿ロビーにある八角形の照明。b：チャペル前のクラシカルな照明。

c：レトロモダンな案内板。
d：源頼朝の富士の巻狩の様子を描いた、フロント横にある一枚板の彫刻。
e：フロント横の柱に刻まれた尾長鶏の彫刻。

宴会場「カスケードルーム」のステンドグラスは、宇野澤辰雄氏一門作。モチーフは箱根の風景。

本館の屋根の上にある守護聖獣・唐獅子の獅子瓦。魔除けの屋根装飾。

室内温泉プールに飾られている、彫刻家・小倉右一郎氏のレリーフ。

30　Fujiya Hotel Hakone Japan

Luxurious lunch

ランチ

ハヤシライス富士屋風

　ハヤシライスに使用するデミグラスソースには、しいたけの旨味を加えます。ヒントになったのは、日本料理の基本の出汁。昆布や鰹節、しいたけの旨味を生かすことを、洋食にもアレンジしたようです。この閃きをメニューにもたらしたのは、5代目総料理長・山野内保雄。歴代の料理人たちは皆、もち得る限りの知恵と手法を富士屋ホテルの料理に反映させました。

材料(4人分)
牛フィレ肉 ― 320g
玉ねぎ ― 80g
しいたけ ― 80g
バター a ― 20g
A｜赤ワイン ― 250ml
　｜ポルト酒(ルビー) ― 90ml
トマトケチャップ ― 30g
デミグラスソース(p.23参照) ― 640ml
塩 ― 4g
黒こしょう ― 適量
バター b ― 40g
赤ワイン(牛肉用) ― 60ml
ご飯 ― 800g

1 玉ねぎは縦半分に切り、繊維に対して直角に5mm幅に切る。しいたけは薄切りにする。

2 鍋にバターaを熱し、中火で1を炒める。玉ねぎが透き通ったらAを加え、アルコール分を飛ばす。

3 トマトケチャップを加え、水分が飛んだら、デミグラスソースを加え、ひと煮立ちさせる。

4 牛肉は3mm厚さに切り、塩、こしょうをふる。

5 フライパンにバターbを熱し、4を重ならないように広げて入れる。焼き色がついたら裏返し、両面を焼く。赤ワインを加えてアルコール分を飛ばし、3に加え、軽く煮込む。

6 グレービーボートに5を盛り、ご飯を添える。

ダイニングルームの花

「ザ・フジヤ」のテーブルには可憐な花が飾られています。小さなガラスの花瓶に生けられた花のほとんどは、敷地内の温室で育てたもの。大正9年に造られた温室は、豊富に湧き出る温泉熱を利用。蘭、熱帯植物、盆栽など、四季折々の草花を栽培しています。テーブルの花はもとより、「花御殿」やその鍵など、花にまつわるあれこれが多いのは、3代目社長・山口正造が花を愛でる人物であったことに由来します。

シーフードカレー

　あまたある看板料理のなかでも、カレーは別格。種類もいくつかあり、ビーフカレーのほかに、チキン、そしてこのシーフードがメニューブックを飾ります。

　盤石の人気を支えるのは、ベースとなるカレーソースの旨味。まろやかなコクが魚介類とよく合い、「シーフードカレーがいちばん！」とご支持いただく常連のお客さまも多いようです。

　シーフードカレーに添えるのはサフランライス。サフランは、パエリアなど魚介類との相性のよさも周知で、シーフードカレーとの調和は言うまでもなく、「ホテルでの特別な食事」にもふさわしい品目となりました。

材料(4人分)
紅ずわい蟹(棒肉) ― 60g
むき海老 ― 12尾
いか ― 80g
帆立貝柱 ― 8個
カレー粉 ― 3g
バター ― 30g
カレーソース(p.11参照) ― 640ml
白ワイン ― 60ml
[サフランライス]
米 ― 4合(600g)
水 ― 520g
サフラン ― 0.4g
バター ― 30g

1 いかは5cm角に切る。魚介類にカレー粉をふり、全体にもみ込み、5分おいて味を馴染ませる。

2 鍋にカレーソースを入れて火にかけ、温める。

3 フライパンにバターを熱し、強火で1を焼く。魚介類の色が変わったら、白ワインを加え、アルコール分を飛ばす。2に加え、魚介類に火を通す。

4 [サフランライス] 米は研いで炊飯器の内釜に入れ、水、サフラン、バターを加え、30分ほどおく。軽く混ぜてから炊飯する。

5 グレービーボートに3を盛り、皿に4を盛って添える。

ビーフシチュー

　大正時代のメニューには「オールドファッション ビーフシチュー イン キャセロール」の記載があります。富士屋ホテルの料理名は、英語とフランス語が混在しています。これは先人たちがより高みを目指したあかし。世界中の美味なるものを取り入れようとした結果でしょう。

　また小さな鍋でビーフシチューを供するのは、お客さまに寒い季節でも温かい料理を召し上がっていただきたいという思いから。デミグラスソースの材料に白ワインを使っているので、きりりとした酸味のある仕上がりになります。

材料(4人分)
- 牛バラ肉 — 1kg
- 塩 — 10g
- 黒こしょう — 適量
- サラダ油 — 15g
- デミグラスソース(p.23参照) — 2500ml
- 赤ワイン — 250ml
- にんじん — 160g
- A ┃ バター — 10g
　　┃ 砂糖 — 15g
- かぶ — 1個
- 小芋 — 4個
- 揚げ油(サラダ油) — 適量
- ペコロス — 4個
- B ┃ バター — 20g
　　┃ 砂糖 — 15g
- ヌイユ(プレーン、グリーン) — 適量
- オリーブ油 — 適量

1 牛肉はたこ糸で縛り、塩、こしょうをふる。

2 フライパンにサラダ油を熱し、強火で1を焼き、表面にこんがりと焼き色をつける。

3 鍋にデミグラスソースを入れて温め、2を加える。沸騰したら中火にし、2時間ほど竹串を刺してすっと通るくらいに柔らかくなるまで煮込む。牛肉を取り出し、ソースをシノワで漉す。

4 にんじんはシャトー切りにし、鍋にA、かぶるくらいの水とともに入れて火にかけ、沸騰したら弱火にし、20分ほど竹串がすっと通るまで煮て、強火にして照りを出す。かぶは少し茎を残して八つ割りにし、ゆでて水気をきる。小芋は皮つきでゆでて水気をきり、大きいものは半分に切って200℃の揚げ油で素揚げする。鍋にBのバターを溶かし、ペコロスをBの砂糖とともに入れて焼く。焼き色がついたらかぶるくらいの水を加え、竹串がすっと通るまで煮る。ヌイユはかためにゆでて水気をよくきり、オリーブ油をまぶして冷ます。時間をおく場合は使う前にゆがいて水気をきる。

5 牛肉は4cm角に切り、鍋に入れる。赤ワインを加えて中火にし、アルコール分を飛ばす。ソースを加えて温め、耐熱容器に移す。4を入れ、中火で加熱し、ひと煮立ちさせる。

外国人専用ホテル

明治26年、富士屋ホテルは「外国人客専用のホテル」となりました。江戸時代から宮ノ下にあった老舗旅館「奈良屋旅館」との間で、奈良屋旅館は日本人専用、富士屋ホテルは外国人専用の宿泊施設とする協定を締結し、ライバル関係に終止符を打ったのです。協定は大正元年まで続き、富士屋ホテルは多くの外国人客で賑わいました。

海老ライス富士屋風

　レシピを紐解けば、洋風のチャーハンともいえそうなメニューです。しかしながら洗練された雰囲気があるのは、一流料理人たちの美意識と技術の表れなのでしょう。ご飯にバターとしょうゆの組み合わせ、香味野菜の風味、ふんだんに使用したぷりぷりの海老、その美味しさにお客さまが顔をほころばせる様子が容易に想像できるメニューです。

材料(4人分)
むき海老 — 32尾
マッシュルーム — 100g
玉ねぎ — 40g
セロリ — 20g
バター — 適量
ご飯 — 800g
しょうゆ — 30ml
卵 — 4個
塩 — 10g
パセリ(みじん切り) — 適量

1 マッシュルームは薄切りにする。玉ねぎ、セロリはみじん切りにし、流水にさらし、水気をきる。

2 フライパンにバターを熱し、強火で海老、1を炒める。海老の色が変わり火が通ってきたら塩2gをふり、ご飯を加え、全体を混ぜ、残りの塩を加え、よく炒める。鍋肌からしょうゆを加え、ムラなく行き渡らせる。

3 ご飯をまわりに寄せて中央に隙間を作り、卵を加え、ゆるめのスクランブルエッグ状にしてから、全体にからませる。器に盛り、パセリを散らす。

スパゲティナポリタン

　このパスタ料理の美味しさを叶えるのは、特製のナポリタンソース。さまざまな素材を長時間煮込むことで濃厚な旨味が出ます。家庭で真似をするには敷居の高さが否めませんが、北村料理長曰く「仔牛の骨や鶏ガラなどを揃えるのが難しいときは、コンソメを使うと美味しくなる」そうです。洋食の鉄板メニュー・ナポリタンに魚介類を合わせるのが、富士屋ホテルの個性です。

材料(4人分)
紅ずわい蟹（棒肉）— 60g
むき海老 — 16尾
帆立貝柱 — 8個
玉ねぎ — 80g
マッシュルーム — 80g
ピーマン — 40g
ハム — 40g
バター — 30g
白ワイン — 70ml
A｜ナポリタンソース（下記参照）
　　— 160ml
　　トマトケチャップ — 80ml
スパゲティ — 800g

1 スパゲティは表示どおりにゆでる。玉ねぎ、マッシュルームは薄切り、ピーマン、ハムは細切りにする。

2 フライパンにバターを熱し、中火で玉ねぎ、マッシュルーム、ピーマンを炒め、玉ねぎが透き通ったら、蟹、海老、帆立、ハムを加え、中まで火を通す。白ワインをふり入れ、アルコール分を飛ばす。

3 Aを加えて炒め合わせ、スパゲティを加え、全体にからめる。

ナポリタンソース

富士屋ホテルに代々伝わるオリジナルソースのひとつ。ハムやベーコンの切れ端、ローストチキンを作る際に出る鶏ガラや仔牛の骨に、白ワイン、トマトピューレ、トマトケチャップ、にんじん、玉ねぎ、セロリを加え、オーブンで4〜5時間煮込みます。ガスのオーブンを使うことで香ばしさが出るのも特長。カニクリームコロッケのソースとしても添えられる秘伝の味です。

チキンライスグラタン

　昭和のランチ、アラカルトのメニューにこの料理の記録があります。もともとは横浜ホテルニューグランドの初代総料理長を務めたサリー・ワイル氏が1930年代に考案したもの。当時、富士屋ホテルのチキンライスグラタンは、ルー・ブランを牛乳でのばしたベシャメルソースではなく、ブイヨンでのばしたヴルーテソースを使用していました。ですが近年はベシャメルが普及、あっさりとしたヴルーテよりコクのあるベシャメルが好まれるようになったことで、平成に入ってから富士屋ホテルでもヴルーテをやめ、ベシャメルに変更しました。

材料(4人分)
[ベシャメルソース]
バター — 25g
薄力粉(ふるう) — 25g
牛乳 — 400ml
ナツメグパウダー — 1g
塩 — 4g
白こしょう — 適量
[チキンライス]
玉ねぎ — 80g
マッシュルーム — 80g
鶏もも肉 — 皮を取って320g
塩 — 4g
白こしょう — 適量
バター — 40g
グリーンピース — 40g
トマトケチャップ — 120ml
ご飯 — 720g

エダムチーズパウダー — 適量

1 [ベシャメルソース] 鍋に弱火でバターを溶かし、小さな泡が出てきたら火からおろし、薄力粉を加え、木べらでよく混ぜる。ダマがなくなるまで混ぜたら、弱火にかけ、3〜4分炒める。

2 火からおろし、温めた牛乳を少しずつ加えながら、ダマにならないように混ぜる。再び弱火にかけ、ゆっくり混ぜながら、とろみが出るまで煮る。ナツメグ、塩、こしょうを加えて混ぜる。

3 [チキンライス] 玉ねぎはみじん切りにする。鍋にバター20gを熱し、強火で玉ねぎを炒める。半量になったら火を弱め、きつね色になるまで炒める。マッシュルームは薄切りにする。鶏肉は2cm角に切り、塩、こしょうをふる。

4 フライパンにバター20gを熱し、強火で鶏肉を炒める。焼き色がついてきたら、炒めた玉ねぎ、マッシュルーム、グリーンピース、トマトケチャップを加えて炒める。ご飯を加え、全体を馴染ませるように炒め合わせる。

5 耐熱容器に**4**を入れて平らにし、**2**をかけ、エダムチーズを散らす。200℃のオーブンで5分、表面に焼き色がつくまで焼く。

ノスタルジック フォトギャラリー

歴史を物語る写真資料をご紹介いたしましょう。いずれもモノクロの世界、時代の一瞬を切り取った貴重な1枚です。

大正9年の厨房。

昭和20年ティーラウンジ「オーキッド」。

昭和25年「ザ・フジヤ」。主なサービススタッフは女性でメイド服姿。

昭和40年フロント前のサンパーラー。

ランチコース

LUNCH COURSE

Rêve
~レーヴ~

創業137周年を記念して作られたコースです。
Rêveはフランス語で「夢」。
クラシカルな雰囲気のなか、楽しむのは
イマジネーション溢れるメニューたち。

トラウトサーモンのマリネ サラダ仕立て

真鯛のポワレ シブレット入りクリームソース

牛肉のブロシェット ディアブル風

宮ノ下ロールケーキにバニラアイス添え

MENU

前菜
トラウトサーモンのマリネ
サラダ仕立て

スープ
コンソメスープ
または
本日のポタージュ [コーン]

魚
真鯛のポワレ シブレット入り
クリームソース

肉
牛肉のブロシェット
ディアブル風

デザート
宮ノ下ロールケーキに
バニラアイス添え

パン

コーヒー または 紅茶

オニオンスープ富士屋風

　ベースはオニオングラタンスープと同じ。クルトンを浮かべずに、卵白を加えてかき玉スープ風に仕上げる個性的な一品です。とろとろの玉ねぎと卵白の柔らかな食感が好相性。人気のほどは、結婚式の披露宴のコース料理にもリクエストがあることからも伺えます。

材料（4人分）
オニオンスープ（p.45参照）― 720ml
卵白 ― 1個分
水 ― 15g

1 ボウルに卵白、水を入れ、泡立て器でよく混ぜる。
2 鍋にオニオンスープを入れて中火にかけ、煮立ったら1をシノワで少しずつ流し入れ、菜箸で混ぜてかき玉状にする。

「ホテルと同じ味」をコンセプトに完成させたレトルトシリーズ。ビーフカレー、ビーフシチュー、オニオンスープはじめ8種類あり、オンラインショップなどでお求めいただけます。
http://www.fujiyahotel.co.jp/ja/shop/

材料(4人分)
[オニオンスープ]
玉ねぎ ― 300g
バター ― 35g
薄力粉 ― 40g
A | コンソメスープ（p.9参照） ― 500ml
　 | ブイヨン（p.9参照） ― 500ml
B | 塩 ― 4g
　 | カイエンヌペッパー ― 少量

クルトン（p.46参照） ― 4枚

1 [オニオンスープ] 玉ねぎは薄切りにする。鍋にバター25gを溶かし、玉ねぎを入れて強火で炒める。しんなりしてきたら弱火にし、あめ色になるまで45分〜1時間じっくりと炒める。

2 1の半量をざるに上げ、余分な油を落とす。この油は鍋に戻す。

3 1にバター10gを加えて弱火にし、溶けたら薄力粉を加え、パラパラになるまで炒める。

4 別の鍋にAを入れて火にかける。沸騰したら3に少しずつ加え、ダマにならないように混ぜる。弱火で30分ほど加熱し、Bを加えて混ぜる。

5 耐熱容器に4を入れ、クルトンをのせ、高温のオーブンまたは直火で加熱し、沸騰させる。

オニオングラタンスープ

　大きめサイズの食パンにチーズをのせて焼いたものを、富士屋ホテルではクルトンと呼びます。仕上げはクルトンを「煮込む」感覚で火を入れます。スープが染み込み実に美味。北村料理長曰く、「チーズがお好きな方はお好みで粉チーズを加えても美味しいです」。

玉子入りトマトグラタンスープ

「Zuppa à la pavèse」の記載が昔のメニューにあり、もとになったのはイタリアのスープです。このスープはルー・ブランをトマト素材とブイヨンでのばして作ります。ルー・ブランはベシャメルソースのもととしてもお馴染み。とろみが出るのも道理に適っています。

卵を半熟に仕上げるのがこのメニューのお約束。卵は供する直前に落とします。半熟になる前にオーブンから出すと、サービススタッフがお客さまのテーブルに到着するまでにはちょうど半熟になっているという具合。熱々のスープの中で卵は固まっていくので、お好みの加減でいただきます。

材料(4人分)

[ルー・ブラン]
バター — 32g
薄力粉(ふるう) — 51g

トマトピューレ — 65g
トマトケチャップ — 80g
ブイヨン(p.9参照) — 900ml

[クルトン]
食パン — 8mm厚さ2枚
エダムチーズ — 適量

全卵 — 4個

1 ［ルー・ブラン］鍋に中火でバターを溶かし、小さな泡が出てきたら火からおろす。薄力粉を加え、木べらでよく混ぜる。ダマがなくなるまで混ぜたら、弱火にかけ、滑らかになるまで3〜4分炒める。

2 トマトピューレを加え、弱火で水分がなくなるまで炒める。トマトケチャップを加え、さらに炒める。

3 ブイヨンを温め、**2**に少しずつ加え、中火でよく混ぜる。沸騰したら弱火にし、30分ほど加熱する。塩を加え、味を調える。

4 ［クルトン］食パンはスープを入れる器の大きさに抜く。エダムチーズをのせ、170℃のオーブンで15分ほど、チーズが溶けてきつね色になるまで焼く。

5 **3**を温め、耐熱容器の八分目まで入れ、**4**を浸してスープを染み込ませる。中火にかけ、沸騰したら、その下に卵を流し込む。直火または高温のオーブンで、卵が半熟になるまで加熱する。

富士屋ホテルを訪れた著名人

「喜劇王」の異名をもち、類希なる才覚でコメディ映画を作り上げ、世界中のファンを魅了したチャールズ・チャップリン氏が兄のシドニー氏と富士屋ホテルを訪れたのは、昭和7年のこと。本館45号室に宿泊し、当時敷地内にあったテニスコートでテニスを楽しんだり、庭園やぐるりの小路を散策したりと滞在を満喫しました。この散歩道は「チャップリンの散歩道」と名を残して、現在も親しまれています。

昭和12年にはヘレン・ケラー女史が浅間丸に乗り横浜港に到着。日本各地を訪問し、箱根では「花御殿」に宿泊しました。昭和53年にはジョン・レノン一家が富士屋ホテル及び富士ビューホテルに来館しました。

チャップリン氏（左）と山口正造（右）。
CHARLES CHAPLIN™
©Bubbles Inc, 2016

ヘレン・ケラー女史（左）。

フジヤサラダ 〜昭和40年代〜

昭和40年代のディナーコースには、肉料理とともに日替わりのサラダが必ず添えられました。このサラダは梨の季節の風物詩。秋から冬にかけて、決まって登場したものです。

材料(4人分)
きゅうり — 1と1/3本
梨 — 1個
赤・緑ピーマン — 各1/2個
くるみ — 40g
フレンチドレッシング(p.49参照) — 50ml
レタス — 適量

1 きゅうりは皮を縞目にむき、5mm厚さに切る。梨は縦に6〜8等分に切って5mm厚さに切り、塩水にくぐらせ、水気を拭く。
2 赤ピーマンは3mm角、緑ピーマンは薄切りにし、水にさらしてアクを抜き、水気を拭く。
3 くるみは200℃のオーブンで7〜8分ほどローストし、粗めに刻む。
4 1とフレンチドレッシングをあえる。
5 レタスは冷水につけてパリッとさせ、水気を拭く。器にレタスを敷き、4を盛り、2、3を散らす。

フジヤサラダ 〜昭和20年代〜

マヨネーズとフルーツを合わせるサラダは、外国のお客さまに好まれました。日本のりんごは海外で現在でも人気がありますが、当時も然り。高く評価されました。

材料(4人分)
りんご — 1個
マンダリンオレンジ — 1個
マヨネーズ — 30g
レタス — 適量

1 オレンジは小房に分け、薄皮をむく。このとき出てくる果汁はとっておく。
2 りんごは皮つきのままいちょう切りにし、レモン水(分量外)に2〜3分浸し、水気を拭く。
3 ボウルにマヨネーズ、1のオレンジ果汁を入れて混ぜる。オレンジの果肉、2を加え、崩れないように混ぜる。
4 レタスは冷水につけてパリッとさせ、水気を拭く。器にレタスを敷き、3を盛る。

トマトドレッシング

4代目総料理長・百鳥雅考案の「シェフスペシャルドレッシング」。昭和50年頃に開催していた料理教室でも披露した伝統の味です。

材料（でき上がり約200ml）
チリソース ― 40ml
A｜玉ねぎ（すりおろす） ― 小さじ1
　｜塩 ― 2g
　｜白こしょう ― 少量
トマトケチャップ ― 40ml
白ワインヴィネガー ― 55ml
サラダ油 ― 80ml
B｜カイエンヌペッパー ― 少量
　｜タバスコ ― 少量
　｜レモン果汁 ― 小さじ1/2

1 チリソースは裏漉しする。

2 ボウルにAを入れ、泡立て器で混ぜる。少量のワインヴィネガー、1、トマトケチャップ、残りのワインヴィネガーを順に加え、その都度混ぜる。

3 サラダ油を少しずつ加えてのばし、よく混ぜる。

4 Bを加えて混ぜ、味を調える。

ブルーチーズドレッシング

世界三大ブルーチーズのひとつ、フランスはミディ＝ピレネー地域圏の羊乳チーズ・ロックフォールを生かした濃厚な風味が魅力。

材料（でき上がり約220ml）
ロックフォールチーズ ― 20g
［フレンチドレッシング］
（でき上がり約250ml：200ml使用）
A｜ディジョンマスタード ― 3g
　｜塩 ― 5g
　｜白こしょう ― 少量
白ワインヴィネガー ― 60ml
B｜サラダ油 ― 60ml
　｜EVオリーブ油 ― 150ml

1 ［フレンチドレッシング］ボウルにAを入れ、泡立て器ですり混ぜる。

2 ワインヴィネガーを少しずつ加え、よく混ぜる。

3 Bを合わせ、2に少しずつ加え、とろりとするまで混ぜて乳化させ、フレンチドレッシングの、完成。

4 ロックフォールを裏漉しする。3を少しずつ加え、よく混ぜる。

サウザンアイランドドレッシング

富士屋ホテルのサウザンアイランドはチリソースを使うのが特徴。酸味と甘味のなかに、スパイシーな辛さが加わります。

材料（でき上がり約270g）
A｜玉ねぎ（みじん切り） ― 25g
　｜セロリ（みじん切り） ― 15g
コルニッション（みじん切り） ― 25g
チリソース ― 17g
マヨネーズ ― 150g
トマトケチャップ ― 35g
パセリ（みじん切り） ― 2g
レモン果汁 ― 小さじ1/2

1 Aは水にさらし、玉ねぎの辛さが消えたら水気を絞る。

2 ボウルに材料をすべて入れ、混ぜ合わせる。

トマトドレッシングを使用するのはコンビネーションサラダ（トマト、きゅうり、ホワイトアスパラガス、玉ねぎ、赤・緑ピーマン、ラディッシュ、クレソン、トレビス、レタス）。

チキン、アップル、セロリのサラダ 〜チキンウォルドフサラダ〜

　ウォルドフサラダは、ニューヨークのウォルドーフ・ホテルが発祥といわれています。りんご、ナッツ、セロリをマヨネーズベースのドレッシングであえるのが定義。富士屋ホテルではこれにローストチキンを加えて、食べ応えのある一皿に仕上げています。

材料(4人分)
ローストチキン ― 320g
りんご ― 1個
セロリ ― 1本
A│マヨネーズ ― 60g
　│塩、白こしょう ― 各適量
くるみ ― 40g
赤・緑ピーマン ― 各1/2個
レタス ― 適量

1 ローストチキン、りんごは1.5〜2cm角に切る。セロリは薄切りにする。

2 **1**、Aを混ぜ合わせる。

3 くるみは200℃のオーブンで7〜8分ローストし、粗めに刻む。ピーマンは3mm角に切る。

4 レタスは冷水につけてパリッとさせ、水気を拭く。器にレタスを敷き、**2**を盛り、**3**を散らす。

サラダのルール

サラダを盛るのは、深みのある楕円のガラス器。切れ目の入った深めの器は、保冷効果と水滴がつきにくいという利点があるからです。また、レースペーパーを敷くことで器が滑りにくくなり、サービスを円滑にします。

和風生野菜サラダ料理長風 〜キャベツとシラスのサラダ〜

春の訪れを告げるようなこのサラダは、4代目総料理長・百鳥雅が昭和の中頃に考案。ディナーコースや立食パーティにも登場した人気のメニューで、シンプルながら遊びのある旬の素材の組み合わせに個性が光る一品です。

材料(4人分)
- 釜揚げシラス — 100g
- キャベツ — 1/2玉
- えのきたけ — 1パック
- うど — 1/4本
- 三つ葉 — 1/2束
- [柚子ドレッシング]
- 柚子 — 1個
- A
  - しょうゆ — 10ml
  - 白ワインヴィネガー — 40ml
  - シェリーヴィネガー — 30ml
- B
  - サラダ油 — 120g
  - オリーブ油 — 120g
- 塩 — 適量

1 [柚子ドレッシング] 柚子は表皮をすりおろし、果肉は絞る。

2 ボウルに1、Aを入れて混ぜる。合わせたBを少しずつ加え、とろりとするまで混ぜて乳化させる。塩を加え、味を調える。

3 キャベツは一口大に切り、水にさらして水気をきる。えのきたけはゆでて水気をきり、5cm長さに切る。うどは皮を厚めにむいて5cm長さの拍子木切りにし、レモン水(分量外)にさらしてアクを抜き、水気をきる。

4 三つ葉は2cm長さに切り、水にさらして水気をきる。

5 ボウルにシラス、3を入れて混ぜる。2を加えてあえ、器に盛り、4を散らす。

海側と山側

「ザ・フジヤ」はちょうど中央に飾舞台があり、これを境に2つのスペースそれぞれに呼び名がついています。相模湾方面の右手を「海側」、箱根の山々を望む左手を「山側」と呼びます。

ポテトサラダ

　シンプルさが信条のポテトサラダ。美味しさの秘密は、きゅうりの代わりに自家製ピクルスを使うこと、ピクルスとともに玉ねぎ、セロリをみじん切りにして口当たりをよくすること。パンに挟んでサンドウィッチに仕立てるのもおすすめです。

材料(4人分)
じゃがいも ― 800g
塩、白こしょう ― 各適量
玉ねぎ ― 1/2個
セロリ ― 1/4本
きゅうりのピクルス(右記参照) ― 80g
A│マヨネーズ ― 150g
　│フレンチドレッシング
　│（p.49参照）― 20ml
レタス ― 適量
赤・緑ピーマン ― 各1/2個

1 じゃがいもは皮つきで、竹串がすっと通るまでゆでる。熱いうちに皮をむき、目の粗い網で漉し、温かいうちに塩、こしょうをふり、冷ます。

2 玉ねぎ、セロリは粗みじんに切り、水にさらして水気を絞る。ピクルスはみじん切りにする。

3 1に2、Aを加え、よく混ぜる。

4 レタスは冷水につけてパリッとさせ、水気を拭く。ピーマンは3mm角に切る。

5 器にレタスを敷き、3を盛り、ピーマンを散らす。

きゅうりのピクルス

材料(作りやすい分量)
きゅうり ― 3本(約300g)
塩 ― 約5g

A│水 ― 200ml
　│白ワインヴィネガー ― 200ml
　│砂糖 ― 80g
　│鷹の爪 ― 1/4本
　│にんにく ― 小1かけ
　│ローリエ ― 1/2枚

1 きゅうりは塩をふってよく馴染ませ、保存袋などに入れ、重石をして半日ほどおき、水分を出す。

2 鍋にAを入れて火にかけ、沸騰させ、冷ます。

3 1を水で洗って水気をきり、2に入れ、重石をして一晩漬ける。
※冷蔵庫で1週間ほど保存可能。

富士屋ホテルライブラリー

VIP用の食器

　大倉陶園と富士屋ホテルの出会いは昭和10年。皇室・賓客用として24セットの陶器を依頼したのがきっかけです。写真の陶器は大倉陶園の職人が、箱根芦ノ湖や富士山周辺をまわりながら自然の風景をスケッチ。デザインに起こして、手間と時間をかけて完成させた特別なものです。現在は「ザ・フジヤ」でスペシャルディナーを提供する際に使用しています。

カトラリーはイタリア製、名門「サンボネ」のもの。使用するたびに磨き上げ、使用後は真空保存して金庫にしまいます。

富士屋ホテルライブラリー

歴史

【誕生秘話】
明治11年（1878年）7月15日、箱根宮ノ下の地に日本で初めての本格的なリゾートホテルとして開業。ホテルの名前から「富士山」を思い浮かべることでしょう。ですが残念ながら、ホテルから富士山を見ることはできません。しかし、富士山が外国人にとっての美の象徴であることを受け、かつてこの地で500年もの歴史をもっていた温泉旅館「藤屋」の名前をもとに、「富士屋ホテル」と名づけられました。明治16年の宮ノ下大火では、ホテルの原形とともに6年間の記録も失われました。けれどもその1年後には見事に復興を果たし、今も変わらず、箱根に流れる時を見守り続けています。

【略歴】

明治11年	1878年	山口仙之助、箱根宮ノ下に富士屋ホテル創業
明治24年	1891年	現役で活躍する「本館」竣工。火力発電で館内を点灯
明治28年	1895年	宮内省により宮ノ下御用邸竣工。後に払い下げを受け、現在の「菊華荘」となる
明治39年	1906年	「西洋館」1号館（カムフィロッジ）・2号館（レストフル・コテージ）竣工
大正9年	1920年	厨房、冷蔵庫を竣工
昭和5年	1930年	「食堂棟」竣工。これに伴い本館を大改造。一般食器類及び国賓・皇族用の特別食器が作られる
昭和9年	1934年	大正9年建築の舞踏場を100名収容可能な舞踏・宴会場に改修工事完了。滝が見えることから「カスケードルーム」と名づけられる
昭和11年	1936年	山口正造の設計により「花御殿」竣工
昭和29年	1954年	米軍への施設貸与が6月末で終了。7月6日をもって一般営業再開
昭和35年	1960年	新館「フォレストロッジ」竣工
平成9年	1997年	「本館」「西洋館」「食堂棟」「花御殿」「菊華荘」「アイリー」が国の登録有形文化財となる
平成11年	1999年	史料展示室に納められたレジスターブック58冊が、箱根町の重要文化財に指定
平成19年	2007年	「本館」「西洋館」「食堂棟」「花御殿」「菊華荘」「カスケードルーム」「厨房」が経済産業省より「近代化産業遺産」に認定

明治11年 創業当時

創業者・山口仙之助

明治24年 本館

3代目社長・山口正造

花御殿昭和11年竣立当時

FASCINATING SWEETS

スイーツ

アップルパイ ア ラ モード

富士屋ホテルに残るメニューカードで最も古いのは、1915年のもの。ここにすでにアップパイの記載があります。代々受け継がれてきたレシピで作るアップルパイの人気は、古今を通じて絶大。世界中から訪れた数々の著名人たちにも愛されました。芳醇なバター香るパイ生地に、じっくりと煮詰めたりんごがたっぷりと詰まった姿は甘美。りんごを煮たシロップは上白糖と水を加え、継ぎ足し使われます。

ティーラウンジ「オーキッド」では温製と冷製を選ぶことができ、単品はもちろん、バニラアイスを添えた「アップパイ ア ラ モード」もあります。

材料（直径21cmのタルト型1台分）
パイ生地（右記参照）— 1台
［りんごコンポート］
（作りやすい分量：1台に750g使用）

紅玉 — 3〜4個（500g）
A｜水 — 150g
　｜上白糖 — 200g
　｜りんごの皮
　｜　— 材料の紅玉から3個分
B｜マーマレード — 40g
　｜フレッシュアップルプレザーブ
　｜　— 500g
　｜シナモンパウダー — 4g
　｜ナツメグパウダー — 2g
［塗り玉］
卵黄 — 20g
塩 — 1g
水 — 20g
［つけ合わせ］（1人分）
バニラアイス — 76g
ホイップクリーム（p.61参照）— 適量
ラズベリー — 1個
ミントの葉 — 適量

1［りんごコンポート］紅玉は皮をむき、実は塩水に入れておく。鍋にAを入れて強火にかけ、沸騰したら火を止める。

2 紅玉の実は芯を取り、4等分に切ってから5〜7mm厚さに切る。**1**を沸騰させ、混ぜ合わせる。

3 バットに移し、コンベクションオーブンのコンフィチュールモードで10分加熱する。

※鍋で作る場合は、2を鍋に入れて強火にかけ、混ぜながら加熱する。沸騰したら火からおろし、アルミ箔を密着するようにかけ、室温で一晩休ませる。

4 3はざるに上げ、冷蔵庫に1〜2時間から一晩おき、シロップをしっかりきる。

5 マーマレードは果皮を細かく刻む。**4**にBを加えて混ぜる。

6［塗り玉］材料を混ぜ合わせる。

7［組み立て］パイ生地を敷いた型に**5**を隙き間なく並べる。縁に塗り玉を塗り、冷蔵庫で冷やしておいた生地をかぶせ、空気を抜くようにしっかりと押さえて密着させる。はみ出た生地は切り落とす。表面に塗り玉を塗り、フォークで格子状に模様をつける。表面にフォークを刺し、5ヵ所ほど穴を開ける。フォークの背で縁を軽く押し、しっかり接着させる。ラップをかけ、冷蔵庫で一晩休ませる。

8［焼成］190〜200℃のオーブンで30分焼く。180℃にし、さらに50分焼く。

9 10等分に切って皿に盛る。バニラアイスを添え、上にホイップクリームを絞ってラズベリーとミントの葉を飾る。

パイ生地

材料（直径21cmのタルト型1台分）
＊〈　〉内の数字は
　　チェリーパイ、レモンメレンゲパイ1台分の分量
＊〔　〕内の数字はエクザコナル5個分の分量

薄力粉 — 126g〈63g〉〔65g〕
強力粉 — 42g〈21g〉〔22g〕
バター — 169g〈85g〉〔87g〕
塩 — 4g〈2g〉〔2g〕
A｜牛乳 — 68g〈34g〉〔34g〕
　｜白ワインヴィネガー
　｜　— 2g〈1g〉〔1g〕

1 粉類は合わせてふるう。

2 バターは**1**の少量をまぶしながら1cm角に切る。

3 スタンドミキサーに**1**、**2**、塩を入れ、フックをつけ、低速で軽く混ぜる。Aを加え、粉っぽさがなくなるまで混ぜる。ラップで包み、冷蔵庫で一晩休ませる。

※フードプロセッサーを使用する場合は、1、2、塩を入れて混ぜたあと、ボウルに移してAを加え、手で混ぜる。

4 打ち粉をした台に**3**を置く。麺棒で15×45cm目安（比率1:3の長方形）にのばし、三つ折りにする。これをあと2回、その都度生地を90度回転させ、繰り返す。ラップで包み、冷蔵庫で4〜5時間から一晩休ませる。

5 打ち粉をした台に**4**を置き、麺棒で型よりひとまわり大きくなるように2.5mm厚さにのばす。型に敷き込み、はみ出た生地は切り落とす。

※アップルパイは2等分にする（型に敷くものと表面にかぶせるもの）。表面にかぶせるほうは、麺棒で2.5mm厚さにのばし、冷蔵庫で冷やしておく。

マーブルケーキ寄木細工風

　箱根の伝統工芸・寄木細工を模したスイーツは、約60年前のレシピを復刻させ、現代風にアレンジ。スポンジ生地を白と黒に作り分けて巧みに組み合わせ、上面は濃淡のココアパウダーで寄木細工を表現しています。繊細を極めるアントルメは、どこをカットしても歓声が上がります。

材料（直径21cmの丸型1台分）
[ベース生地]
有塩バター（室温にもどす） — 225g
グラニュー糖 — 208g
[白生地]
A｜薄力粉 — 280g
　｜ベーキングパウダー — 10g
B｜コンデンスミルク — 85g
　｜レモン — 1/3個
　｜卵白 — 166g
[黒生地]
C｜薄力粉 — 280g
　｜ベーキングパウダー — 10g
　｜ナツメグパウダー — 8g
　｜シナモンパウダー — 8g
　｜オールスパイス — 16g
D｜メープルシロップ — 85g
　｜卵黄 — 200g
　｜グラニュー糖 — 1g
[メレンゲ]
卵白 — 133g
[クリーム]
ホールアーモンド — 10g
クレーム・オ・ブール（右記参照）
　 — 315g
ココアパウダー — 17g
[デコレーション]
E｜きな粉 — 2g
　｜グラニュー糖 — 2g
F｜ココアパウダー — 4g
G｜ココアパウダー — 2g
　｜粉糖 — 2g
※デコレーションの分量は、それぞれ実際の使用量。ふるう工程では3〜4倍を用意する。

1 [ベース生地] ボウルにバターを入れ、ポマード状に柔らかくする。グラニュー糖を加え、ハンドミキサーですり混ぜる。2等分にし、それぞれ大きめのボウルに入れる。

2 [白生地] Aは合わせてふるう。

3 Bのレモンは表皮のすりおろしと果汁に分け、両方を使う。ボウルにBを入れ、混ぜる。

4 1の半量に3を数回に分けて加え、その都度ハンドミキサーまたはゴムべらで混ぜる。しっかり混ざったら2を加えて混ぜる。

5 [黒生地] Cは合わせてふるう。

6 Dを混ぜ合わせ、残りの1に数回に分けて加え、その都度しっかり混ぜる。5を加えて混ぜる。

7 [メレンゲ] ボウルに卵白を入れて泡立て器で混ぜ、八分立てにする。2等分にし、4、6に加え、しっかり混ぜる。

8 [焼成] 型にオーブンペーパーを敷き、7の白生地を入れ、表面を平らにならす。170℃のオーブンで45〜50分焼き、粗熱がとれたらペーパーをかぶせ、室温に一晩おく。黒生地も同様に作る。

9 [型抜き] 8はそれぞれ1.2cm厚さに切る。直径15cm、10cm、5cmの丸型を使って抜き、外径21×内径15cm、外径15×内径10cm、外径10×内径5cmのドーナツ形、5cmの丸形を白生地は各2枚、黒生地は各1枚作る。最終的には白生地と黒生地を組み合わせ、直径21cmの縞の生地を3段作る。

10 [クリーム] アーモンドは160〜170℃のオーブンで10分ほどローストし、冷めたら5mm角に切る。ボウルにクレーム・オ・ブールを入れ、ハンドミキサーで混ぜて柔らかくする。ココアパウダーを加え、白っぽくなって1〜2割増えるまで泡立てる。1/3量を絞り袋に入れる。

11 [組み立て] 回転台に型よりもひとまわり大きなレースペーパーまたはオーブンペーパーを敷き、いちばん大きな白生地を置く。縞になるように黒生地と交互に組み合わせ、その都度10を間に絞って接着剤代わりにする。10を2mm厚ほど塗り、アーモンドを散らす。2段目は黒生地が外側、3段目は白生地が外側になるよう、同様に組み立てる。10を側面、上面に塗り、パレットで平らにする。

12 [デコレーション] Eを混ぜ、茶漉しで11の全面にふる。上面に格子模様のシートをのせ、Fをふるう。シートをずらし、合わせたGをふるう。

クレーム・オ・ブール

材料（でき上がり700g）
A｜バター — 250g
　｜有塩バター — 250g
グラニュー糖 — 32g
B｜バニラエッセンス — 8g
　｜ブランデー — 8g
　｜ラムホワイト — 8g
　｜ラムダーク — 8g
[イタリアンメレンゲ]
C｜グラニュー糖 — 76g
　｜水 — 25g
D｜卵白 — 38g

1 ボウルにAを入れ、木べらで混ぜて柔らかくし、ポマード状にする。グラニュー糖32gを加えて混ぜる。合わせたBを加え、混ぜる。

2 [イタリアンメレンゲ] 鍋にCを入れて強火にかけ、121℃まで加熱する。

3 同時にボウルにDを入れ、ハンドミキサーで泡立てる。白っぽくなったら、121℃の2を細く垂らしながら加え、滑らかでツヤが出てツノが立つまで混ぜる。

4 3が温かいうちに1を加え、混ぜ合わせる。

チェリーパイ

パイ生地の上にはたっぷりのクリーム、間に挟まれたスポンジ生地がしっとり柔らかで、やさしいアクセントになっています。上面を覆うのは、サワーチェリのゼリーとダークチェリーのコンポート。幾層もの美味しさを楽しめるジューシーなスイーツです。

材料（直径21cmのタルト型1台分）
パイ生地（p.57参照）— 1台
[スポンジ生地]
（直径15cmの丸型1台分）
薄力粉 — 67g
A｜水 — 10g
　｜はちみつ — 10g
　｜サラダ油 — 20g
B｜全卵 — 94g
　｜グラニュー糖 — 78g
[チェリーゼリー]
C｜サワーチェリー（缶詰）
　｜　— 果実のみ 264g
　｜缶詰のシロップ — 24g
　｜レモン果汁 — 6g
　｜グランマルニエ — 9g
　｜グラニュー糖 — 72g
D｜コーンスターチ — 8g
板ゼラチン（水でもどす）— 6g
[チェリーコンポート]
ダークチェリー（缶詰）
　　— 果実のみ 323g
E｜缶詰のシロップ — 65g
　｜グラニュー糖 — 97g
　｜赤スグリ（冷凍）— 4g
　｜ラズベリー（冷凍）— 4g
　｜クエン酸 — 1g
　｜グランマルニエ — 6g
　｜レモン果汁 — 4g

クレーム・レジェール（右記参照）
　— 220g
[デコレーション]
ナパージュ — 80g
粉糖 — 適量

1 [スポンジ生地] 薄力粉はふるう。

2 ボウルにAを入れて湯せんにかけ、40℃に温める。

3 別のボウルにBを入れて湯せんにかけ、40〜50℃に温め、ハンドミキサーで泡立てる。ツヤが出て、へらですくうとリボン状に垂れるようになったら、1を加え、粉っぽさがなくなるまで混ぜる。2を加え、しっかり混ぜる。

4 直径15cmの丸型にオーブンペーパーを敷き、3を流し入れる。160〜170℃のオーブンで40〜50分焼く。型から外してケーキクーラーに置いて室温で冷まし、1.2cm厚さに切る。

5 [チェリーゼリー] 鍋にCを入れて強火にかけ、沸騰させる。Dを混ぜて鍋に加え、とろみがつくまで煮る。火を止め、板ゼラチンを加えて溶かす。

6 バットなどに直径18cmのセルクルを置き、5を流し入れる。冷凍庫で凍らせる。

7 [チェリーコンポート] 鍋にEを入れて強火にかける。沸騰したらチェリーを加え、再び沸騰したら容器に移す。空気が入らないようにラップを密着させてかけ、常温で冷まし、冷蔵庫に一晩おく。

8 [パイ生地の焼成] パイ生地はタルトストーンをのせ、170℃のオーブンで50分焼く。室温で冷ます。

9 [組み立て] 絞り袋にクレーム・レジェールを入れ、8に100g絞り、パレットで表面を平らにならす。4をのせ、残りのクレーム・レジェールを絞り、平らにならす。

10 6は解凍し、9にのせ、軽く押して密着させる。

11 7の汁気をきり、10の上に隙間なく並べる。表面にナパージュを塗り、縁に粉糖をふる。

クレーム・レジェール

材料（でき上がり220g）
[カスタードクリーム]
（でき上がり250g：165g使用）
牛乳 — 175g
グラニュー糖 — 40g
A｜卵黄 — 42g
　｜薄力粉 — 13g
B｜バター — 9g
　｜バニラエッセンス — 1g
[ホイップクリーム]
生クリーム（脂肪分47%）— 50g
グラニュー糖 — 5g
ラムホワイト — 1g
バニラエッセンス — 1g

1 [カスタードクリーム] 鍋に牛乳、1/3量のグラニュー糖を入れ、強火にかける。

2 ボウルにA、残りのグラニュー糖を入れ、泡立て器でしっかり混ぜる。

3 1が沸騰したら1/5量を2に加え、しっかりと混ぜ、1の鍋に戻す。泡立て器で混ぜながら強火で加熱し、沸騰したら中火にし、数分混ぜ続ける。沸騰した際にできる輪がすぐに消えず、二重になってしばらく残るのが目安。火を止め、Bを加えて混ぜる。ラップを敷いたバットに入れ、ラップを密着させるようにかけ、底を氷水に当てて冷やす。

4 [ホイップクリーム] ボウルに材料を入れ、泡立て器で混ぜて八分立てにする。

5 3に4を加え、ゴムべらで切るように混ぜる。

材料（直径21cmのシフォン型1台分）
[エンゼル生地]
A│ココアパウダー — 31g
　│強力粉 — 93g
　│グラニュー糖 — 222g
卵白 — 250g
グラニュー糖 — 88g
バニラエッセンス — 5g
[エンゼルクリーム]
クレーム・オ・ブール（p.59参照）
　— 345g
スイートチョコレート（刻む）— 40g
[線描き用チョコ]
（作りやすい分量：1台に25g使用）
スイートチョコレート（刻む）— 15g
エバミルク（室温にもどす）— 5g

1　[エンゼル生地] Aは合わせてふるう。

2　スタンドミキサーに卵白を入れて混ぜ、少し泡立ってきたらグラニュー糖を2回に分けて加え、しっかりとツノが立つまで混ぜる。バニラエッセンスを加えて混ぜ、**1**を加えてさっくりと混ぜる。混ぜすぎると焼き上がりがかたくなるので注意。

3　型に**2**を入れ、170℃のオーブンで40〜45分焼く。ケーキクーラーに型ごと逆さまに置き、室温で冷ます。

4　[エンゼルクリーム] ボウルにクレーム・オ・ブールを入れ、柔らかくする。

5　別のボウルにチョコレートを入れ、湯せんにかけて溶かし、35℃にする。**4**に加え、ハンドミキサーでツヤが出てツノが立つまで混ぜる。

6　[組み立て] エンゼル生地は約2cm厚さに3枚に切る。そのうち1枚にエンゼルクリームを約5mm厚さに塗り、その上にエンゼル生地を重ね、これを繰り返す。全面にエンゼルクリームを塗り、パレットで平らにならす。

7　[線描き用チョコ] ボウルにチョコレートを入れ、湯せんにかけて溶かし、40℃にする。エバミルクを加え、泡立て器で粘りとツヤが出るまで混ぜる。

8　コルネに**7**を入れ、**6**の上面に放射状に絞る。

エンゼルケーキ

　真ん中に穴の開いた形で、天使の輪をイメージしたことが名前の由来です。塩味を効かせたクリームで、チョコレートのスポンジをサンドしたスタンダードな美味しさが人気のケーキ。モダンささえ感じる表面のデコレーションは、昭和15年当時から変わらないデザインです。

レモンメレンゲパイ

パイの中にたっぷりと詰めたクレーム・ド・シトロン、英名「レモンカード」は、ぷるぷるの食感と穏やかな酸味が魅力。メレンゲはダレないよう、よく冷やしたところに絞り、ぴんとツノを立てた状態で焼き上げます。

材料(直径21cmのタルト型1台分)
パイ生地(p.57参照) — 1台
[クレーム・ド・シトロン]
A│牛乳 — 500g
　│グラニュー糖 — 56g
B│卵黄 — 4個
　│グラニュー糖 — 56g
C│コーンスターチ — 30g
　│レモンの皮(すりおろす) — 1/2個
レモン果汁 — 1個分(40g)
[メレンゲ]
卵白 — 150g
グラニュー糖 — 150g
[デコレーション]
アンゼリカ(ふきの砂糖漬け) — 適量
マラスキーノチェリー
　(さくらんぼの砂糖漬け) — 1個

1[クレーム・ド・シトロン]鍋にAを入れ、強火にかける。

2ボウルにBを入れ、泡立て器ですり混ぜる。Cを加え、よく混ぜる。

31が沸騰したら中火にし、2を加え、木べらで混ぜながら沸騰するまで加熱する。レモン果汁を加え、滑らかになるまで混ぜる。

4[パイ生地の焼成]パイ生地はタルトストーンをのせ、170℃のオーブンで50分焼き、室温で冷ます。

54に3を流し入れ、表面を平らにし、冷蔵庫で冷やす。

6[メレンゲ]ボウルに卵白を入れ、ハンドミキサーで軽く泡立てる。グラニュー糖を最初は1/10量、残りは2〜3回に分けて加え、その都度混ぜ、しっかりとツノが立つまで混ぜる。

7[仕上げ]5に6をパレットで塗る。このとき中央が盛り上がるようにする。残りの6は星型の口金をつけた絞り袋に入れ、格好よく絞る。

8200℃のオーブンで5〜7分焼く。アンゼリカ、マラスキーノチェリーをバランスよく飾る。

ベイクドチーズケーキ

　現在、富士屋ホテルでは宮ノ下チーズケーキ、レアチーズケーキ、2種類のチーズケーキを提供していますが、今回ご紹介するのはベイクドタイプ。これは過去にスタッフのなかでもっとも人気の高かったもので、本書のみでの特別公開。やさしい味わいが魅力です。

材料（直径21cmのマンケ型1台分）
スポンジ生地（p.61参照）
　― 直径21cm・1.2cm厚さ1枚
[アパレイユ]
A｜クリームチーズ ― 198g
　｜グラニュー糖 ― 69g
B｜薄力粉 ― 42g
　｜卵黄 ― 100g
牛乳 ― 240g
バター ― 88g
C｜卵白 ― 194g
　｜グラニュー糖 ― 78g
[デコレーション]
クレーム・オ・ブール（p.59参照）
　― 10g
スポンジクラム
　（スポンジ生地を砕いたもの）― 10g
D｜アプリコットジャム ― 60g
　｜ブランデー ― 1g

1 スポンジ生地はp.61を参照し、同じ分量で直径21cmの型で焼き、1.2cm厚さに切る。残りでスポンジクラムを作る。

2 [アパレイユ]ボウルにAを入れて湯せんにかけ、泡立て器で混ぜる。

3 別のボウルにBを入れ、泡立て器で混ぜる。

4 鍋に牛乳を入れて強火にかけ、沸騰直前まで加熱する。3を加えて中火にし、泡立て器で混ぜながら煮る。火からおろし、2、バターを加えて混ぜる。

5 ボウルにCを入れ、泡立て器で混ぜ、七~八分立てにする。

6 4に1/3量の5を加え、泡立て器で混ぜる。残りの5を加え、木べらでしっかり混ぜる。

7 [焼成]型にスポンジ生地を敷き、6を流し入れる。150℃のオーブンで50分焼く。粗熱がとれたら冷蔵庫に一晩おく。

8 [デコレーション]7を型から外す。側面にクレーム・オ・ブールを薄く塗り、スポンジクラムを貼りつける。Dを混ぜ、上面に塗る。

エクザコナル

　復刻メニューとして2015年春に登場したスイーツ。ノスタルジックな味わいは、ついつい手が出る美味しさです。名前は、四角のパイ生地の2つの角を折った形をヒントに、フランス語「六角形の＝hexagonale」から。

材料(5個分)
パイ生地（p.57参照）— 210g
[アーモンドクリーム]
A｜バター（ポマード状）— 23g
　｜グラニュー糖 — 20g
B｜卵黄 — 3g
　｜バニラエッセンス — 0.3g
C｜薄力粉 — 25g
　｜アーモンドパウダー — 25g
[フォンダン]
粉糖 — 90g
水 — 18g
[デコレーション]
アーモンドスライス — 10g

1 [アーモンドクリーム] ボウルにAを入れ、泡立て器ですり混ぜる。Bを加えて混ぜる。Cは合わせてふるい入れ、木べらで粉っぽさがなくなるまでしっかり混ぜる。

2 20gずつに分け、筒状に成形し、バットなどに並べ、冷蔵庫で1〜2時間休ませる。

3 [組み立て] パイ生地はp.57 1〜3を参照して作る。5mm厚さにのばし、8×8cmに5枚切る。2をのせ、1つの角に水を塗って中央に向かって折り、対角の生地を重ねて包む。冷蔵庫で一晩休ませる。

4 [焼成] 3は175℃のオーブンで25〜30分焼く。常温で冷ます。

5 [フォンダン] ボウルに材料を入れて湯せんにかけ、へらですくってゆっくり垂れてくる濃度にする。

6 4の上面に5を塗り、アーモンドスライスをのせ、180〜200℃のオーブンで1分ほど焼く。

LIBRARY 富士屋ホテルライブラリー

ティーラウンジ「オーキッド」

　ゆったりとした時間が流れるティーラウンジ「オーキッド」。移ろう四季の庭園を眺めながら、富士屋ホテルの味、伝統のスイーツを楽しむことができます。

長い廊下に沿って作られた空間。南向きの窓からは箱根の陽射しが降り注ぎます。椅子は必ず庭園を眺められる向きにセッティング。

カスケードルームの名前の由来にもなった小さな滝。

外観。窓の外には涼しげな池の風景が広がります。

中庭に設置されたポスト。毎日きちんと集配があり、宮ノ下の消印が押されます。

池にはたくさんの鯉が泳ぎます。

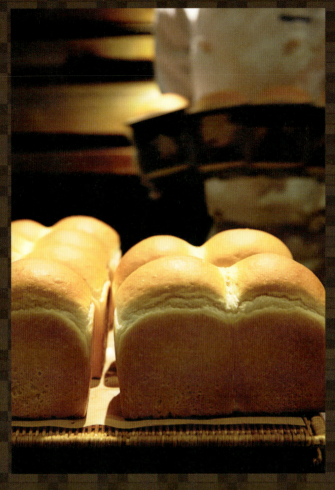

Popular bread & sandwich

ベーカリー&サンドウィッチ

食パン

　ベーカリー＆スイーツ「ピコット」人気ベスト3のひとつが、この食パン。伝統の製法を継承しながらも、時代や気候、お客さまのニーズに合わせて、配合比率などを巧みに調整します。材料には富士屋ホテルが誇る、箱根山系の天然水を利用。小麦のブレンドと相まって、柔らかすぎないしっかりとした食感、ほんのり甘さのあるやさしい味わいに焼き上げます。

　フレンチトーストやサンドウィッチなど、ホテル内のメニューで使用される食パンはすべてピコット製。モーニングブレッドにも供されます。

材料（2斤分）1斤400g
A｜強力粉 ─ 350g
　｜フランスパン専用粉 ─ 150g
　｜グラニュー糖 ─ 30g
　｜塩 ─ 7.5g
　｜ドライイースト ─ 5g
B｜牛乳 ─ 125ml
　｜水 ─ 225ml
ショートニング ─ 20g

1 ボウルにAを入れて軽く混ぜ、Bを加えて混ぜ、よくこねる。

2 まとまってきたら、10～15分たたきつけたり押したりしながらこね上げる。

3 滑らかになり、のばすと破れず薄い膜ができるようになったらショートニングを加え、さらに15分ほどこねる。

4 ボウルにラップをかけ、25～28℃で30分発酵させる。

5 生地を手で押さえ、ガス抜きする。中心に向かって四方を折りたたむ。きれいな面を上にしてボウルに入れ、ラップをかけ、さらに30分発酵させる。

6 4等分し、俵形に成形する。1斤用の型に2個ずつ並べ、30～36℃で30～40分発酵させる。

7 上蓋をして200℃のオーブンで30～40分焼く。

8 焼き上がったら型ごと台に打ちつけ、すぐに型から出し、焼いたのと同じ向きで網などにのせて冷ます。

万国髭倶楽部
（ばんこくひげくらぶ）

山口正造は昭和6年、万国髭倶楽部を創立します。国籍や人種の区別を超えて友交を深めるため、政治外交などに関わらない世界的団体を組織。それは富士屋ホテルの海外宣伝効果を高めるためでもありました。髭倶楽部への入会条件は最低2インチ（約5センチ）以上の髭があること。漫画家のロバート・エル・リプレー氏に髭倶楽部の創立を知らせると、彼はそれを漫画化して雑誌に掲載。すると倶楽部の存在は世界中に知れ渡ることとなり、10ヵ国から43名の登録がありました。

ツナステーキサンド

　1925年のレシピノートに掲載されていた「ツナサンド」をアレンジした一品。ツナといっても、このサンドウィッチのフィリングは缶詰ではありません。肉厚のマグロをしょうゆベースのたれでマリネして、表面だけたたき風にさっと焼いたもの。和のエッセンスを加えたリッチなサンドウィッチです。マグロは舌触り滑らかで、しょうゆの風味がよく合います。きりりと刺激的なわさび入りのタルタルソースは、ぜひともたっぷりとつけてお召し上がりください。美味しさをいっそう引き立てます。

材料（4人分）
[ツナステーキ]
メバチマグロ ― 800g
A　濃口しょうゆ ― 125ml
　　みりん ― 250ml
　　日本酒 ― 125ml
塩 ― 適量
白こしょう ― 適量
オリーブ油 ― 小さじ1

食パン ― 1.5cm厚さ8枚
わさび入りタルタルソース
　（右記参照）― 100g
[つけ合わせ]
野菜のピクルス ― 適量
わさび入りタルタルソース ― 適量

1 [ツナステーキ] 鍋にAを入れて中火にかけ、アルコールが飛ぶまで煮詰め、冷ます。

2 1にマグロを漬け、冷蔵庫に3時間おく。

3 マグロの水気を拭き、1.5cm厚さに切り、塩、こしょうをふる。

4 フライパンにオリーブ油を熱し、中火でマグロを焼く。表面の色が変わったら裏返し、軽く焼く。

5 食パンはトーストし、片面にわさび入りタルタルソースを塗る。4を挟み、みみを切り落とし、食べやすい大きさに切る。

6 皿に盛り、野菜のピクルス、わさび入りタルタルソースを添える。

わさび入りタルタルソース

材料（作りやすい分量）
マヨネーズ ― 125g
わさび（すりおろす）― 20g
玉ねぎ（みじん切り）― 1個
コルニッション（みじん切り）― 25g

1 材料を混ぜ合わせる。

「フラワーパレス」

平成9年に国の登録有形文化財、平成19年には近代化産業遺産に認定された「花御殿」は、山口正造が手がけた和風意匠をテーマにした建物の集大成で、設計は正造自身。43室の客室には部屋番号の代わりに花の名前がつけられ、客室のドア、鍵、そして部屋のインテリアにも各部屋の花のモチーフでデザイン。華美を極めるこの棟は、「フラワーパレス」として世界に知られるようになり、今なお万邦の旅人に親しまれています。

花御殿。

客室に名づけられた花を描いた「花御殿」のルームキー。

71

富士屋クラブハウスサンドウィッチ

　太平洋戦争が終結すると、富士屋ホテルは進駐軍によって昭和27年まで接収されます。米軍への直接貸与期間を経て、昭和29年7月6日に通常営業を再開。その際のメニューブックにも載っているのが、このクラブハウスサンドウィッチです。

　5種の具材を4枚の食パンで挟んだ姿はボリューム満点。ティーラウンジ「オーキッド」のほか、グリル「ウイステリア」、バー「ヴィクトリア」でも召し上がれます。

材料(4人分)
食パン ― 1cm厚さ16枚
バター ― 適量
ローストチキン ― 320g
トマト ― 輪切り16枚
ベーコン ― 12枚
レタス ― 12枚
チェダーチーズスライス ― 6枚
ディジョンマスタード ― 適量
マヨネーズ ― 適量
塩 ― 適量
こしょう ― 適量
[つけ合わせ]
ポテトチップス ― 適量
きゅうりのピクルス(p.52参照) ― 適量
スタッフドオリーブ ― 適量

1 ローストチキンは薄切りにする。トマトは輪切りにする。ベーコンは焼いて脂をきる。

2 食パンはトーストし、8枚は片面に、8枚は両面にバターを塗る。

3 [以下1人分の作り方] 片面にバターを塗った食パンを置き、レタス1枚、チェダーチーズ1と1/2枚をのせ、マスタードとマヨネーズを塗る。

4 両面にバターを塗った食パンを重ね、レタス1枚とトマト4枚をのせ、マヨネーズを塗り、ベーコン3枚を重ねる。

5 両面にバターを塗った食パンを重ね、レタス1枚とローストチキンをのせ、塩、こしょうをふり、マスタードを塗る。

6 片面にバターを塗った食パンをのせ、軽く押さえて馴染ませる。ピックを刺し、3等分に切り、皿に盛る。ポテトチップス、ピクルス、スタッフドオリーブを添える。

接収解除のポスター

昭和29年、米軍への施設貸与が6月末で終了すると、7月6日から一般営業を再開します。これは、そのときのポスターです。富士屋ホテルには昭和60年頃まで「印刷室」という部署がありました。部屋自体がホテル内にあり、日常的に使用するメニューなどはすべて印刷室でプリント。印刷専門の担当者が2名ほどこの業務にあたっていました。

レーズンパン

　昭和30年代に作られたという歴史をもつレーズンパンは、老若男女に愛される味。素材の風味と食感を最大限に生かそうと、先人たちが試行錯誤を重ねながら辿り着いたのが現在のレシピです。材料に水は一切使わず、卵と牛乳だけで仕込むのも先人の知恵。ふんわりと柔らかく、やさしい甘味のあるパンが仕上がります。

材料(7本分：1本170g)
A│フランスパン専用粉 ― 500g
　│グラニュー糖 ― 75g
　│塩 ― 6g
　│ドライイースト ― 5g
B│全卵 ― 2個
　│生クリーム(脂肪分35%) ― 75ml
　│牛乳 ― 200ml
ショートニング ― 35g
バター ― 15g
レーズン ― 200g
溶き卵 ― 適量
グラニュー糖 ― 70g：1本10g

1 ボウルにAを入れて軽く混ぜ、Bを加えて混ぜ、よくこねる。

2 まとまってきたら、10～15分たたきつけたり押したりしながらこね上げる。

3 滑らかになり、のばすと破れず薄い膜ができるようになったらショートニング、バターを加え、さらに15分ほどこねる。レーズンを加え、混ぜる。

4 ボウルにラップをかけ、25～28℃で60分発酵させる。

5 生地を手で押さえ、ガス抜きする。中心に向かって四方を折りたたむ。きれいな面を上にしてボウルに入れ、ラップをかけ、さらに60分発酵させる。

6 7等分し、15cmほどの長さに細長く成形する。30～36℃で60分ほど発酵させる。

7 天板に**6**を置き、上面にナイフで斜めの切り込み(クープ)を入れ、溶き卵を塗り、グラニュー糖をふる。200℃のオーブンで12～15分焼く。焼き上がったら網などにのせて冷ます。

受け継がれるペストリー・ブック

富士屋ホテルに現存するレシピノートです。革の表紙をめくると大扉には「PASTRY BOOK」「1925」の文字。歴代の料理長たちがレシピをまとめ、またコンテンツは素材別にするなど丁寧に整理され、当時は最先端であったであろう数多のメニューがイラストとともに記されています。

カレーパン

ベーカリーで一番人気の看板商品です。日々の製造個数は約300個。過去には1000個を記録したこともありました。パン生地は発酵を80％程度にすることで揚げる際の油の吸い上げが少なくなり、さっくりとした揚げ上がりに。小さめの円形にするのも、さっくりと仕上げるポイントです。

材料(18個分)
A
- 強力粉 — 350g
- 薄力粉 — 150g
- 砂糖 — 50g
- 塩 — 7.5g
- 脱脂粉乳 — 10g
- ドライイースト — 5g

B
- 全卵 — 1個
- 水 — 240ml

ショートニング — 50g
カレーフィリング[※1] — 720g：1個40g
パン粉 — 適量
揚げ油(サラダ油) — 適量

※1＝好みのカレーをかたために作る。

1 ボウルにAを入れて軽く混ぜ、Bを加えて混ぜ、よくこねる。

2 まとまってきたら、10〜15分たたきつけたり押したりしながらこね上げる。

3 滑らかになり、のばすと破れず薄い膜ができるようになったらショートニングを加え、さらに15分ほどこねる。

4 ボウルにラップをかけ、25〜28℃で30分発酵させる。

5 生地を手で押さえ、ガス抜きする。中心に向かって四方を折りたたむ。きれいな面を上にしてボウルに入れ、ラップをかけ、さらに30分発酵させる。

6 18等分して丸め、さらに30分発酵させる。

7 カレーフィリング40gを**6**で包み、形を整える。パン粉を全体にまぶし、30〜36℃で30〜40分発酵させる。

8 180℃の揚げ油に**7**を入れ、2〜3分揚げる。裏返し、さらに2〜3分揚げる。

富士屋ホテルライブラリー

ホームメイドベーカリー

　国道1号線沿い、富士屋ホテルの並びにベーカリー＆スイーツ「ピコット」があります。ここでは、ホテル内のメニューで使用するパン作りのすべてを担っています。ほかでは知り得ない厨房の様子をどうぞご覧ください。

ab：食パンの焼き上がり。c：焼き立ての食パンはレジと厨房を仕切る棚に並べられます。

gh：レーズンパンの焼成前。

def：生地作り、計量の工程。

ijk：山型食パン。焼き上がりの上面にサラダ油を塗ります。

77

LIBRARY
富士屋ホテルライブラリー

メニューカードとメニューブック

　大切に保管された資料のなかには、メニューカードもあります。優れた意匠は、富士屋ホテルでデザイン、プリントされたもの。現存するカードの内容はおおよそがコースメニューで、VIP団体、祝い事、クリスマスや新年の季節のイベントなどに使用されたものです。

サンドウィッチのメニューカードは、外貨での値段表示。「ハム＆チーズサンドウィッチ」「富士屋ホテルクラブサンドウィッチ」などのメニューが並びます。

特別な日のメニューカードや二つ折りの表紙。日本の風景が描かれているものの多くは、外国人向けに、昭和22～28年頃にかけて作られたようです。

大正14年のクリスマスディナーメニュー。12皿のコース構成だったのがわかります。前菜は「オレンジ＆オイスターカクテル」、メインは「七面鳥のロースト クランベリーソース」、デザートは「プラムプディング ブランデーソース」といった様子。

昭和48年、ダイニングルームのメニューブックで、左から順にアラカルト、コースのページ、表紙。「コンソメスープ」「取り合わせサラダ」「カニ殻詰焼」「牛ヒレ肉串焼 ディアブルソース」「アップルパイ アイスクリーム添」などの記載があります。

Splendid dinner

ディナー

牛フィレ肉のサワークリーム和え
バターライス添え ～ビーフストロガノフ～

　ビーフストロガノフは、ロシアの代表料理。起源も作り方も諸説あるようですが、富士屋ホテルスタイルは、炒めた牛肉をサワークリームであえたもの。牛肉を棒状に切るのも伝統です。つけ合わせのバターライスは焦げ色をつけずに白く仕上げるのが理想。そのためにバターは室温にもどして柔らかくしておきます。

材料(4人分)
牛フィレ肉 — 320g
塩 — 6g
白こしょう — 適量
玉ねぎ — 40g
マッシュルーム — 40g
バター — 30g
サワークリーム — 90ml
生クリーム — 90ml
サラダ油 — 30g
塩、白こしょう — 各少量
バターライス(下記参照) — 全量
パセリ(みじん切り) — 適量

1 牛肉は6〜7cmの棒状に切り、塩、こしょうをふる。
2 玉ねぎ、マッシュルームは薄切りにする。
3 鍋にバターを溶かし、中火で**2**を炒める。玉ねぎが透き通ったらサワークリーム、生クリームを加え、沸騰したら火を止める。
4 フライパンにサラダ油を熱し、強火で**1**を炒め、牛肉全体に焼き色がついたら**3**に加え、全体をよく混ぜる。塩、こしょうで味を調える。
5 型にバターライスを詰めて皿に返し、パセリをのせ、**4**を盛る。

バターライス

材料(4人分)
ご飯 — 280g
炒め玉ねぎ(p.83参照) — 30g
バター(室温にもどす) — 20g
塩、白こしょう — 各少量

1 フライパンを中火にかけ、バターを入れる。溶け始めたら炒め玉ねぎを加え、軽く炒める。ご飯を加えて混ぜ、バターを全体に馴染ませたら塩、こしょうで味を調える。

テーブルパフォーマンス

ウォーターピッチャーを高く掲げてグラスに水を注ぐパフォーマンスは、「ザ・フジヤ」名物のひとつです。これは鍛錬を積んだスタッフだからこそ可能となるものです。眼前で披露される演出に、客人たちは心を踊らせます。現在は、お召し物を汚してはいけないとの配慮から慎んでいます。

シャリアピンステーキ

　帝国ホテル考案の肉料理。昭和初期、ロシアの声楽家、フョードル・シャリアピン氏が来日した際に、要望に応えて誕生したといわれています。

　富士屋ホテルではサーロインを使用。漬け込む時間を短くして、肉を柔らかく焼き上げます。甘味を出した炒め玉ねぎとにんにくの風味が特長です。

材料(4人分)
牛サーロイン肉 ― 480g
　（約1cm厚さ4枚）
A｜玉ねぎ(すりおろす) ― 40g
　｜にんにく(すりおろす) ― 20g
塩 ― 4.8g(肉の1%)
黒こしょう ― 適量
サラダ油a ― 20g
炒め玉ねぎ(右記参照) ― 120g
サラダ油b ― 15g
パセリ(みじん切り) ― 適量
[つけ合わせ]
ペコロス ― 8個
B｜バター ― 20g
　｜砂糖 ― 15g
絹さや ― 32個
にんじん ― 120g
C｜バター ― 10g
　｜砂糖 ― 15g
クレソン ― 適量

1 バットに牛肉を並べ、Aを加えて全体に馴染ませる。ラップをかけて室温に20分おく。

2 ペコロスは鍋にBのバターを溶かし、Bの砂糖とともに入れて焼く。焼き色がついたらかぶるくらいの水を加え、竹串がすっと通るまで煮る。絹さやはゆでて水気をきる。にんじんはシャトー切りにし、鍋にC、かぶるくらいの水とともに入れて火にかけ、沸騰したら弱火にし、20分ほど竹串がすっと通るまで煮て、強火にして照りを出す。

3 1の牛肉に塩、こしょうをふる。

4 フライパンを中火で熱してサラダ油aを引き、牛肉を盛りつけるときに表になるほうを下にして入れる。焼き色がついたら裏返し、両面を焼く。

5 フライパンを中火で熱してサラダ油bを引き、炒め玉ねぎを塗った面を下にして入れる。触らず玉ねぎに少し焦げ目がついたら裏返し、軽く焼く。皿に盛ってパセリをふり、2、クレソンを添える。

炒め玉ねぎ

材料(でき上がり約120g)
玉ねぎ ― 500g
バター ― 20g

1 玉ねぎはみじん切りにする。

2 厚手の鍋を強火で熱し、バターを入れる。溶けたら玉ねぎを加え、木べらで混ぜながら炒める。

3 全体にバターが行き渡ったら中火にする。鍋底に玉ねぎを広げ、焦げないようにときどき混ぜながら焼きつけるように炒める。水分が飛び、玉ねぎが1/4量ほどになるまで炒める。

ロゴマーク

富士山を象ったロゴマークは富士屋ホテルのシンボル。原形が「ザ・フジヤ」の柱に彫刻として残っています（写真右）。ダイニングの椅子の背や、テーブルウェアは食器やカトラリー、ピッチャーなど至る所で目にすることができ、宝さがしをしているような幸福な気持ちにさせてくれます。

ブイヤベース富士屋風

　富士屋ホテルのブイヤベースは新鮮な魚介類を数種類使用し、味に深みを出しています。スープのベースは秘伝のコンソメとフュメ・ド・ポワソン。フュメのあらは焼くことで旨味を凝縮させるとともに、雑味を除きます。薄力粉でとろみをつけるのは、魚介類との絡みをよくするため。さらに美味しく仕上げる秘訣です。

材料(4人分)
玉ねぎ ― 中1個
ポワロー ― 1本
A｜オリーブ油 ― 10ml
　｜サラダ油 ― 10ml
　｜にんにく ― 3g
サフラン ― ひとつまみ
薄力粉(ふるう) ― 50g
B｜フュメ・ド・ポワソン
　｜　(右記参照) ― 500ml
　｜コンソメスープ(p.9参照) ― 500ml
C｜トマト ― 1個
　｜ダイスドトマト水煮(缶詰) ― 100g
　｜トマトピューレ ― 33g
　｜ブーケガルニ※1 ― 1束
　｜塩 ― 20g
　｜白こしょう ― 適量
はまぐり(砂抜きする) ― 8個
ムール貝 ― 8個
伊勢海老 ― 2尾(400g)
白身魚(鯛、ホウボウなど)
　― 合わせて8切れ
帆立貝柱 ― 4個
たらば蟹(棒肉) ― 4本

※1＝数種類の香草を束ねたもの。セロリの茎でパセリ、ローリエをくるむようにし、たこ糸で縛る。

1 玉ねぎはみじん切り、ポワローは縦半分に切ってから薄切りにする。トマトは湯むきし、半分に切って種を取り除き、1cm角に切る。

2 鍋にAを入れて中火にかけ、香りが出てきたら玉ねぎ、ポワローを加え、しんなりするまで炒める。サフランを加えて弱火にし、野菜が赤く色づき、サフランの香りが出るまで炒める。薄力粉を加え、木べらで混ぜ、パラパラになるまで炒める。

3 別の鍋にBを入れて火にかけ、沸騰したら2に少しずつ加えて混ぜる。

4 Cを加えて弱火にし、とろみがつくまで煮る。

5 耐熱容器に魚介類を入れ、4を注ぐ。強火で沸騰させ、魚介類に火が通るまで煮る。

フュメ・ド・ポワソン

材料(でき上がり約1ℓ)
鯛のあら ― 1kg
オリーブ油 ― 適量
A｜玉ねぎ ― 50g
　｜にんじん ― 30g
　｜セロリ ― 10g
　｜エシャロット ― 10g
　｜ポワロー ― 20g
B｜水 ― 1.5ℓ
　｜ローリエ ― 1枚
　｜白粒こしょう ― 3～4粒
　｜白ワイン ― 100ml

1 鯛のあらは流水で2～3時間血抜きし、ざるに上げて水気をきる。200℃のオーブンで5～6分焼く。

2 Aは薄切りにする。厚手の鍋にオリーブ油を熱し、Aを炒める。しんなりしたら、1、Bを加え、沸騰したらアクを取りながら1時間ほど煮る。

3 キッチンペーパーを重ねたざるで静かに漉す。一度沸騰させてアクを取り、完成。

カスケードルームの舞踏会

昭和の初め、夜ごと舞踏会が催されていたという「カスケードルーム」。ここは大正9年建築の舞踏場を、昭和9年に100名収容可能な舞踏・宴会場に改修した部屋です。名前の由来は庭園の小さな滝を望むこと。欄間一面には、江戸時代の東海道の旅の様子や日本の名所、伝統行事が彫られていますが、これは一枚の板に両面まったく同じ彫刻をしたという珍しいもの。富士屋ホテル見所のひとつです。

海の幸の取り合わせコキール

コキールはフランス語で「コキーユ coquille ＝貝殻」の意。一般的にベシャメルソースであえた魚介類を貝殻の皿に盛って焼く料理ですが、富士屋ホテルでは贅沢にもアメリケーヌソースを加え、旨味とコクを高めています。

材料(4人分)
紅ずわい蟹(棒肉) — 60g
むき海老 — 12尾
いか — 80g
帆立貝柱 — 8個
A│マッシュルーム — 2個
 │炒め玉ねぎ(p.83参照) — 30g
バター — 15g
パプリカパウダー — 5g
白ワイン — 50ml
ブランデー — 50ml

B│ベシャメルソース
 │ (p.41参照) — 240g
 │アメリケーヌソース
 │ (p.87参照) — 60ml
 │生クリーム — 160ml
C│リーペリンソース — 小さじ1
 │レモン果汁 — 小さじ1
 │カイエンヌペッパー — 少量
 │塩 — 3g
 │白こしょう — 適量
マッシュポテト(p.87参照) — 600g
エダムチーズパウダー — 適量
とさかのり — 適量

1 いかは2.5cm角に切る。マッシュルームは薄切りにする。

2 鍋にバターを溶かし、中火で魚介類、Aを炒め、パプリカパウダーを加え、魚介類の色が変わったら白ワイン、ブランデーを加える。

3 Bを加えてよく混ぜ、Cを加えて味を調える。

4 耐熱容器や帆立貝殻などに3を入れる。絞り袋にマッシュポテトを入れ、まわりに絞り、エダムチーズをふる。200℃のオーブンで焼き色がつくまで焼く。皿にとさかのりを敷き、盛る。

アメリケーヌソース

材料（でき上がり約300ml）
伊勢海老または
　オマール海老の頭 — 300g
A｜玉ねぎ — 40g
　｜にんじん — 30g
　｜セロリ — 30g
　｜ポワロー — 30g
オリーブ油 — 20g
ブランデー — 20ml
白ワイン — 20ml
B｜トマトジュース — 200ml
　｜フュメ・ド・ポワソン
　｜　（p.85参照）— 200ml
塩 — 適量
白こしょう — 適量

1 Aは薄切りにする。

2 鍋にオリーブ油を熱し、海老の頭を入れ、強火で焼き色がつくまで炒める。香ばしい香りが立って水分がなくなってきたら、木べらなどで砕く。ブランデー、白ワインを順に加え、その都度アルコール分を飛ばす。

3 1を加え、しんなりするまで炒めたら、Bを加えて強火にする。沸騰したら弱〜中火にし、アクを取りながら30分煮込む。半量まで煮詰まったら、シノワで漉す。このとき海老と野菜を潰し、旨味を絞り出す。鍋に戻して軽く煮詰め、塩、こしょうで味を調える。

マッシュポテト

材料（4人分）
じゃがいも — 600g
A｜牛乳 — 150ml
　｜生クリーム（脂肪分38%）— 50ml
　｜バター — 30g
　｜塩 — 3g
卵黄 — 2個

1 じゃがいもは皮をむき、適当な大きさに切る。かぶるくらいの水とともに鍋に入れて中火にかけ、竹串がすっと通るまでゆで、ざるに上げて水気をきる。

2 鍋に戻して強火にかけ、水分を飛ばして粉をふかせる。熱いうちに裏漉し、鍋に戻す。

3 別の鍋にAを入れて火にかけ、沸騰したら2に少しずつ加え、切るように混ぜる。

4 粗熱がとれたら卵黄を加えて混ぜる。

料理教室

昭和40年頃、富士屋ホテルでは「ザ・フジヤ」や「カスケードルーム」を使い、テーブルマナーの教室を催していました。昭和50年代までは別に料理教室もあり、トマトドレッシングやレモンメレンゲパイのレシピを講習。講師を務めたのはもちろんスタッフで、料理は当時の料理長やペストリーシェフが、マナーはマネージャーが担当し、新聞などでも受講の募集をかけました。フルコースの食べ方のマナー教室は現在も行なっています。

小海老のカクテル

グラスに海老を盛りつけた一皿は、「シュリンプカクテル」の名で世に知られる冷製オードブル。お約束のカクテルソースは、ケチャップにレモン果汁やウスターソース、レフォールやタバスコを加え、スパイシーに仕上げています。

材料(4人分)
海老 — 20尾
クールブイヨン※1 — 全量
レタス(せん切り) — 100g
レモン — くし形切り4個
[カクテルソース]
(でき上がり約120ml：45ml使用)
トマトケチャップ — 75g
チリソース — 15g
玉ねぎ(みじん切り) — 25g
セロリ(みじん切り) — 10g
にんにく(みじん切り) — 1/4かけ
レモン果汁 — 2g
レフォール(すりおろす) — 好みで1g
タバスコ — 好みで3〜4滴

※1＝鍋に水1ℓ、玉ねぎ(薄切り)40g、にんじん(薄切り)50g、セロリ(薄切り)10g、白ワイン30ml、白ワインヴィネガー120ml、ローリエ1枚、塩10g、白粒こしょう5粒を入れて火にかけ、沸騰させる。

1 海老は殻つきで沸騰させたクールブイヨンに入れてゆで、火を止めてゆで汁の中で冷ます。食べる直前に殻をむき、水気をきる。

2 [カクテルソース] 材料を混ぜ合わせる。冷蔵庫に2〜3日おき、にんにくを馴染ませてから使うとよい。

3 器にレタスを敷き、1を盛り、レモン、2を添える。

タラバ蟹のルイーズ風

　ディナーを彩る前菜の蟹料理にはその昔、相模湾で獲れる手長蝦を材料に使っていました。現在は収穫量の減少によってタラバ蟹へと変更になりましたが、甲殻類と相性のよいソースを合わせるスタイルは変わりません。

材料(4人分：直径6.5cmのセルクル使用)
ゆでたらば蟹(棒肉) — 320g
玉ねぎ — 40g
塩 — 2g
白こしょう — 適量
マヨネーズ — 60g
ベビーリーフ — 適量

[ルイーズソース]
(でき上がり約250ml：40ml使用)
A マヨネーズ — 90g
　トマトケチャップ — 15g
　チリソース — 15g
　ディジョンマスタード — 15g
　レフォール(すりおろす) — 1g
　カイエンヌペッパー — 適量
　レモン果汁 — 2g
生クリーム — 13ml

1 玉ねぎはみじん切りにし、水にさらして辛味を取り、水気を絞る。

2 [ルイーズソース] ボウルにAを入れて混ぜ合わせ、生クリームを加えてのばすように混ぜる。

3 蟹はセルクルに合わせて切り、切り落とした部分と残りを細かくほぐす。

4 ボウルに**1**、ほぐした蟹を入れて塩、こしょうをふり、マヨネーズを加えてあえる。

5 セルクルに**4**を詰め、上に蟹棒肉をのせる。皿の中央に置き、ベビーリーフ、**2**を飾る。

ディナーコース-I Dinner Course I

富士屋浪漫

メインディッシュを盛りつけるのは、富士山をモチーフにしたVIP専用の絵皿。
現代風フランス料理を楽しめるワンランク上のコースです。3～5月の季節より。

赤ピーマンのムース

グリーンアスパラのタルトに海の幸
トリュフ風味のヴィネグレット

コンソメスープタピオカ入り

鰆のポワレと筍 青海苔入りブールブランソース

牛フィレ肉のステーキに
モリーユ茸のクリーム煮

苺のシブーストに苺のシャーベット添え

MENU

アミューズ
赤ピーマンのムース

前菜
グリーンアスパラのタルトに海の幸
トリュフ風味のヴィネグレット

スープ
コンソメスープ
または本日のポタージュ

魚
鰆のポワレと筍
青海苔入りブールブランソース

肉
牛フィレ肉のステーキに
モリーユ茸のクリーム煮

デザート
苺のシブーストに
苺のシャーベット添え

パン

コーヒー または 紅茶

ディナーコース-Ⅱ
復刻スペシャル

代々受け継がれてきた資料から、厳選したメニューを北村料理長が鮮やかに再構築。
クラシックホテルにふさわしい、伝統美溢れるコースです。

箱根路のバラキャビア添え
⇒創業111周年特別メニューから

フォアグラのソテー茸とマスカット
⇒明治末期のメニューから

コンソメスープジュリエンヌ風
⇒大正5年のメニューから

目出鯛海老チーズ焼き
⇒創業88周年特別メニューから

Dinner Course II

牛フィレ肉のステーキジャルディニエール風
⇒明治36年のメニューから

ガトーオペラバニラアイス添え
⇒昭和30年特別メニューから（高松宮殿下ご宿泊時のデザート）

MENU

冷前菜
箱根路のバラキャビア添え

温前菜
フォアグラのソテー
茸とマスカット

スープ
コンソメスープ
ジュリエンヌ風

魚
目出鯛海老チーズ焼き

肉
牛フィレ肉のステーキ
ジャルディニエール風

デザート
ガトーオペラ
バニラアイス添え

カクテル

メインバー「ヴィクトリア」はクラシックな雰囲気漂う空間です。箱根宮ノ下の地で、世界各国のゲストから愛され続けているオリジナルカクテルを4品ご紹介します。

マウントフジ

昭和12年のメニューに記載のある、歴史あるカクテル。卵白の泡を富士山の雪にみたてています。

材料（1杯分）
ドライジン ― 25ml
パイナップルジュース ― 40ml
レモン果汁 ― 10ml
シロップ ― 7.5ml
卵白 ― 1/2個分

1 シェイカーに材料を入れ、フローサーで泡立てる。シェイクし、ソーサー型シャンパングラスに注ぐ。

フルーツシンフォニー

アルコールが苦手なお客さまにも富士屋ホテルの雰囲気を味わっていただきたいという思いから生まれたノンアルコールカクテル。可愛らしい見た目で女性にもおすすめです。

材料(1杯分)
- A
  - クランベリードリンク ― 45ml
  - パイナップルジュース ― 45ml
  - オレンジジュース ― 30ml
  - グレナデンシロップ ― 10ml
- B
  - オレンジ(半月切り) ― 1枚
  - ブルーベリー ― 1個
  - ラズベリー ― 1個
  - ミントリーフ ― 適量

1 コリンズグラスにクラッシュドアイスを入れ、Aを注いで混ぜ、Bを飾る。

ヴィクトリア

シャンパンに角砂糖を入れると、泡を長く出し続ける効果があるようです。ブルーの色をつけたのは、暗くムードある店内で一粒の華やぎ。バーの名前を冠したエレガントなカクテルです。

材料(1杯分)
- A
  - バニラリキュール ― 7.5ml
  - ピーチリキュール ― 7.5ml
- シャンパン ― 100ml
- ブルーキュラソー ― 2.5ml
- 角砂糖 ― 1個

1 角砂糖をブルーキュラソーにつけ、フルート型シャンパングラスに入れる。Aを加え、シャンパンを注ぐ。

a：天井に施された装飾は、ビリヤードを連想させます。かつての「ヴィクトリア」はビリヤード場。キューが残されていたりと、当時の面影が残っています。 b：一角にはダーツボード。 c：ロゴが刻まれた革のコースター。

花御殿カクテル「ばら」

花御殿の客室には花の名前がついています。その花になぞらえたカクテル。

材料(1杯分)
- ホワイトラム ― 30ml
- クランベリードリンク ― 40ml
- オレンジジュース ― 40ml
- ローズシロップ ― 10ml

1 シェイカーに材料を入れてシェイクし、ソーサー型シャンパングラスに注ぐ。

富士屋ホテル

明治11年、横浜生まれの実業家・山口仙之助により、箱根宮ノ下の地に創業。時を経て、独特な建築美を見せるクラシックリゾートホテルです。富士屋ホテルは「本館」「西洋館」「花御殿」「フォレスト館」「食堂棟」、別館「菊華荘」の6つの建物から成り立ち、そのうち5つが「登録有形文化財」と「近代化産業遺産」に指定されています。全スタッフが社是である「至誠」を胸に刻み、歴史と伝統に培われた精神と技術で、国内外からのお客さまをおもてなしいたします。

〒250-0404 神奈川県足柄下郡箱根町宮ノ下359
TEL 0460-82-2211
http://www.fujiyahotel.jp

料理長◆北村 雅之

私の料理のコンセプトは「記憶に残る料理」。先代から受け継いできたレシピを守りながら、素材を生かし時代とともに新しい感覚を取り入れたメニューをご提供できるよう日々努めております。昭和5年(1930年)のメインダイニングルーム「ザ・フジヤ」竣工以来、多くのお客さまを見守ってきた歴史ある場所で、いつまでも皆さまの記憶に残る料理を一皿一皿心を込めてお作りいたします。

【調理・レシピ協力】
料理：長野通教、鈴木美貴
スイーツ：茂木栄二
ベーカリー：杉山博昭

【スタッフ】

撮影 ◆ 野口健志
デザイン ◆ GRiD（釜内由紀江、石神奈津子）
編集 ◆ 坂本敦子

本書の内容に関するお問い合わせは、お手紙かメール（jitsuyou@kawade.co.jp）にて承ります。恐縮ですが、お電話でのお問い合わせはご遠慮くださいますようお願いいたします。

箱根 宮ノ下
富士屋ホテル　伝統のレシピ

2016年 7月30日　初版発行
2023年10月30日　2刷発行

著者　　富士屋ホテル
発行者　小野寺優
発行所　株式会社河出書房新社
〒151-0051　東京都渋谷区千駄ヶ谷2-32-2
電話　03-3404-8611（編集）
　　　03-3404-1201（営業）
　　　https://www.kawade.co.jp/
印刷・製本　図書印刷株式会社

ISBN978-4-309-28588-7
Printed in Japan

落丁本・乱丁本はお取り替えいたします。
本書のコピー、スキャン、デジタル化等の無断複製は著作権法上での例外を除き、禁じられています。本書を代行業者等の第三者に依頼してスキャンやデジタル化することは、いかなる場合も著作権法違反となります。